Wolfram von Eschenbach

herausgegeben

von

Albert Leitzmann.

Zweites heft:
Parzival buch VII bis XI.

Halle a. S.
Max Niemeyer.
1903.

Altdeutsche textbibliothek, herausgegeben von H. Paul.
Nr. 13.

Vorwort.

Auch diesem zweiten heft, dem das dritte, den schluss
des Parzival enthaltende auf dem fusse folgen soll, ist
die liebevolle aufmerksamkeit und unermüdete beihülfe
Hermann Pauls und Gustav Rosenhagens zu gute ge-
kommen. Der im vorwort zum ersten heft in aussicht
gestellte textkritische aufsatz wird erst nach vollendung
des dritten heftes erscheinen; über einige wenige streit-
punkte habe ich mich inzwischen in einer rezension von
Martins ausgabe im nächsten hefte der zeitschrift für
deutsche philologie ausgesprochen.

Jena, 5. märz 1903.

Albert Leitzmann.

Zur kritik des textes.

Über die einrichtung dieses variantenverzeichnisses vgl. meine vorbemerkungen im ersten heft s. V.

Parzival.

VII.

338, 3 *komma = ohne zeichen (Bartsch)* 11 nû $D =$ im **339,** 16 strâzen $D =$ strâze 21 ersach $D =$ sach 25 gein dem *alle =* geim **340,** 9 daz ist *alle ausser Gg =* dês 10 *kolon =* 11 *punkt* 12 *= ohne klammern mit punkt* 19 wol *Dgg =* sô 23 *punkt =* 24 *punkt*

341, 10 bekant $D =$ erkant 25 *punkt = komma* 27 müediu *Dg =* müede **342,** 6 jene sîte $D =$ jensît 8 hôchmuotes $D =$ hôhes muotes 10 *kommata = klammern* **343,** 5 darf $D =$ mac 18 zühtebæren $D =$ zuhtbæren **345,** 13 Lipaôt *Ddg =* Lyppaut *(ebenso auch sonst in diesem buche)* 14 Schôt *Dgg =* Schaut 24 hiez *Dg =* heizet **346,** 24 des $D =$ es **347,** 9 *punkt =* 8 *punkt* 13 *punkt = 12 punkt* **348,** 9 künege $DG =$ künec 25 rois = der künec **349,** 6 unde $D =$ und **350,** 13 ot $D =$ ouch

351, 3 *punkt =* 2 *punkt* **352,** 3 *punkt =* 2 *punkt* 12 was $D =$ mac **353,** 10 hinden $D =$ hin dan 19 gein rois = geim künege *(Lachmann in den lesarten)* **354,** 2 Gâwâne $D =$ Gâwân 5 schifrech = schefræh *(Konr. v. Megenb. s.* 707) 6 *punkt =* 7 *kolon (Paul Beitr.* 2, 86) 8 *= ohne klammern mit punkt* 23 gesâhen $D =$ sâhen **355,** 10 hât $D =$ treit 15 ich im $D =$ ich 16 ichs $D =$ ich 27 sîne porten $D =$ sîn porte **356,** 4 künege *alle =* künec **357,** 5 rotte *Ddg =* rotten 6 *komma = punkt* 13 begunden $D =$ begiengen 16 an *alle ausser Dg =* an sîme 28 sîne

tjoste *D* = sîn tjost **358**, 8 diu *D* = si **359**, 3 *frage-
zeichen* = 4 *fragezeichen* 20 *komma* = *fragezeichen* 26 bewar
alle ausser *Gg* = bewart **360**, 11 Gâwâne *DG* = Gâwân
23 in = [in] 24 liez *Dgg* = enliez

362, 3 dienstes *dd* (*trierer fragment, das ich demnächst
veröffentliche*) = diens **363**, 9 daz *Dd* (*trierer fragment*)
= diz 14 dem *Dd* (*trierer fragment*) = eim 21 dô sprach
er *Dd* (*trierer fragment*) = er sprach 23 wære *Dd* (*trierer
fragment*) = sî 27 *punkt* = *komma* 29 gebære und *Dd*
(*Zeitschr. f. d. alt. 22*, 370) *d* (*trierer fragment*) = gebâr
30 = *ohne klammern* **364**, 6 alle *alle* = al 23 gesehen
Dd (*trierer fragment*) = sehn 24 *antwort des Scherules* =
zur rede Lipaots (*Paul Beitr. 2*, 87) **365**, 3. 9 herzen minne
D = herzeminne 14 *punkt* = 15 *kolon* **366**, 1 minnen
Ddd (*trierer fragment*) *gg* = minne 8 mit *Dd* (*trierer frag-
ment*) = an **367**, 26 alsô *d* (*trierer fragment*) = als
368, 12 zwei diu *Dd* (*trierer fragment*) = zwei 16 gewer
Ddd (*trierer fragment*) *g* = wer **369**, 17 *punkt* = 18 *punkt*
370, 3 dienstes *alle ausser D* = diens 7 eines = [eins]
17 darst *D* = deist 20 was dirre megede ein bote *alle*, ein
nur *Dd* (*Zeitschr. f. d. alt. 22*, 374) = 20. 21 dirre magde bote
was (*Bock, Krit. bem. z. metr. Wolfr. s.* 61)

371, 3 *punkt* = 4 *punkt* 16 enlât *D* = lât 20 iuwer
D = iwers 21 wâren *D* = was **372**, 18 *fragezeichen*
= 17 *fragezeichen* 24 Obilôten *Dd* = Obylôt **373**, 22
fragezeichen = 23 *fragezeichen* (*Paul Beitr. 2,* 87) 29 dienstes
alle ausser Dg = diens *punkt* = 28 *punkt* **374**, 2 *komma*
= *punkt* 25 tragen dar *Ddgg* = dar tragen **375**, 14
Nourîente *D* = Neurîente **376**, 30 porten *Ddgg* = porte
377, 2 zogete ê *g* = zogete 3 *punkt* = 4 *punkt* 15 wære
D = was 17 *punkt* = 18 *punkt* 21 geruochten *alle* =
ruochten **378**, 1 *kolon* = 2 *kolon* 9 kom in (chomn) *D*
= kom **379**, 1 Scheruleses = Scherules **380**, 3 vriunt
D = friunde 11 *ausrufungszeichen* = 10 *ausrufungszeichen*

382, 18 *komma* = *punkt* **383**, 5 Artûses *alle ausser
D* = Artûs 11 er bekande *Dg* = erekande **384**, 16 und
D = od 29 sînem *D* = sînen **385**, 1. 2 Plimizôl : Barbigôl
Ggg = Plymizœl : Barbygœl 8 er brast *Ggg* = gehaft (*Paul
Beitr. 3,* 442; *Wiessner ebenda 26,* 423) 25 betwanc *D* =

twanc   28 niemen *alle* = nie man   **386**, 7 sarjande *alle* = sarjant   16 erkôs *Dgg* = er kôs   20 Schôt *D* = Schaut   **387**, 17 *punkt* = 18 *punkt*   **389**, 20 daz mîne *D* = z mîn   **390**, 1. 2 dannenkêr : mêr = dankêre : mêre

391, 15 unz daz *gg* = unze   **392**, 23 wie ez *D* = wiez dâ   **393**, 20 = *in klammern*   **394**, 12 der *D* = er   **395**, 1 wîp *D* = wîp und   16 vil *D* = vaste   **396**, 3 Obilôte *DG* = Obilôt   18 enwederhalp *D* = dwederhalp   25 *kolon* = 26 *kolon*   26 dô = dâ   **397**, 19 brach *D* = gebrach   21 dienstes *alle ausser D* = diens   28 in *D* = im

VIII.

398, 23 daz hiez *alle* = hiez   25 im dâ *D* = im   **399**, 1 âventiuren *D* = âventiure   6 sîn = [sîn]   19 *punkt* = 20 *punkt*   **400**, 1 *punkt* = 399, 30 *punkt*

401, 3 kleider *D* = kleit   14 Maliklischier *D* = Maliclisier   23 hœrt si *D* = hœrtz   25 werden *D* = werdern   29. 30 mêr : widerkêr = mêre : widerkêre   **404**, 4 solde *D* = sol   5 vant *D* = vindet   14 triuwen = riuwen (*Lachmann in den lesarten*)   **405**, 28 herzenlîche *D* = herzenlîchen   **406**, 6 = *punkt nach* ligen   6—8 = *ohne klammern mit kolon*   **407**, 17 *ausrufungszeichen* = *komma*   24 enwederz *D* = dwederz   **408**, 1 *punkt* = *komma*   4 gein dem *DG* = gein   **409**, 7 Gâwâne *DGg* = Gâwân   24 *komma* = *semikolon* (*Paul Beitr.* 2, 89; *Bötticher Germ.* 21, 293; *Bätjer, Die verw. d. konj. daz in Wolfr. Parz. s.* 21)

411, 27 = *in klammern*   **413**, 16 *punkt* = 19 *punkt*   17. 18 Îdôl : Barbigôl = Ydœl : Barbigœl   **414**, 9 *punkt* = 11 *kolon*   17 verdaget *alle ausser D* = verzagt   **415**, 5 manlîchiu *Dg* = manlîch   11. 12 Gâwâne : plâne *D* = Gâwân : plân   12 Plimizôles *G* = Plimizœles   28 an *D* = gein   **416**, 9 Provenzâl = Provenzâle   14 *punkt nach* lop = *punkt nach* wît   21 laschantiure *DGdg* = la schantiure (*Maxeiner, Beitr. z. gesch. d. franz. wörter im mhd. s.* 65)   24 des = dês   **417**, 29 lât *alle* = læt   **418**, 15. 16 Plimizôl : Barbigôl *alle* = Plimizœl : Barbigœl   17 künege *alle* = künc   27 = *ohne komma*   29 *punkt* = 30 *punkt*   **419**, 5. 6 = *ohne eckige klammern (fehlen D)*   17 rîchste *D* = hœhste   18 *erstes*

landes = [landes]   **420**, 27 der dem *d* (*Wiener sitzungsber.*
7, 297) = der   Gunther *alle ausser g* = Gunthere   28 Wormze
gein den *alle ausser g* = Wormz gein (*Pfeiffer Germ. 2, 83*)
30 in sînem *alle ausser Gg* = inme

421, 24 den = [den]   26 grôze *Ddd* (*Pfeiffer, Quellenmat.
zu altd. dicht. 2, 7*) *gg* = grôz   27 Ermenrîche *alle ausser
g* = Ermrîche   **422**, 15 = *punkt*   16 = *ohne klammern
mit komma*   **423**, 4 = *ohne klammern mit punkt*   13 wâren
alle (auch D; vgl. Bartsch) = wæren   20 vasâne *d* (*Pfeiffer,
Quellenmat. 2, 8*) = fasân   **424**, 5. 6 gevider : wider *Ddgg*
= gevidere : widere   7 wie *D* = ê   **426**, 2 und er *Dd*
(*Wiener sitzungsber. 7, 301*) = und   **427**, 7 vroun Antikonîen
D = Antikonîen   12 alle *alle* = al   **428**, 14 kœmt *D* =
kômt   16 mîne *DGd* (*Wiener sitzungsber. 7, 303*) *d* (*Pfeiffer,
Quellenmat. 2, 9*) = mîn   30 *komma* = *semikolon*   **429**, 6
in *D* = der in   27 ander *Dd* (*Wiener sitzungsber. 7, 304*)
= andriu   30 *komma* = *punkt* (*Bech Germ. 7, 297*)   **430**, 9
trûwen *D* = getrûwen   17 *zur rede* = *nicht zur rede*

431, 28 riuwebæren *Dgg* = riuwebære   **432**, 18 =
ohne komma (*Bartsch*; *Reinecke, Das enjamb. bei Wolfr. v.
Eschenb. s. 67*)

<h2 style="text-align:center">IX.</h2>

433, 2 dîn *alle (vgl. Bartsch)* = hin   4 *fragezeichen
nach* denne = *fragezeichen nach* kûme   9 *punkt* = 13 *punkt*
25 *fragezeichen* = 26 *fragezeichen*   **434**, 3 *kolon* = 2 *kolon*
17 = *ohne komma*   30 *kolon* = *punkt*   **435**, 11 ze ver-
suochen *alle ausser gg* = suochen   20 dâ vander *D* = vander
27 *punkt* = 28 *punkt*   **436**, 8 doch *D* = noch   12 unde
D = verbirt und   13 phlihte verbirt *D* = pflihte   28 nâhe
Dd = nâhn   **437**, 1 vrâcte *D* = gerte   7 *punkt* = 6 *kolon*
25 rocke *DG* = roc   27 der *alle ausser Ggg* = die   **438**, 8
als *D* = reht als   12 lêrez *Dg* = lêrtz   16 getriulîchen
alle = getriulîch (*Bock, Krit. bem. s. 65*)   23 *kolon* = 25 *punkt*
439, 28 *punkt* = 30 *punkt*

441, 30 gevrâget dû *D* = dô gevrâgt (*Paul Beitr. 2, 90*)
442, 2 gip mir = [gip mir]   13 *punkt* = 14 *punkt*   27 *punkt*
= 26 *punkt* (*Paul Beitr. 2, 90*; *Singer Abh. z. germ. philol.
für Heinzel s. 425*)   **445**, 9 anderhalben *Ddgg* = anderhalp

27 selbe war *D* = war   **446**, 23 *punkt* = 24 *punkt*   **447**, 7
diu = die   25 *punkt* = 27 *kolon*   **448**, 16 tôde *DG* = tôt
449, 24 *punkt* = 23 *kolon* (*Paul Beitr.* 2, 90)   27 vroste *alle*
= frost   28 dicke und *alle ausser g* (unde diche *D*) = dicke
450, 3 *punkt* = *komma*   4 *fragezeichen* = *punkt*   11 der
= [der]   22 vor *dd* (*Wiener sitzungsber.* 7, 312) *gg* = von
    451, 16 gediende *D* = gedient   23 dannen *D* = dann
453, 30 *komma* = *punkt*   **454**, 16 gepruovt *alle ausser D*
= gepüfel (*Benecke im Mhd. wörterb.* 1, 230 b; *Bech Germ.*
7, 298)   menneschlîcher *Dgg* = menschlîch   26 *fragezeichen*
= *komma*   **455**, 13. 14 Mazadân : wân *alle* = Mazadâne : wâne
13 *komma* = 14 *kolon*   14 wârheite = wârheit   22 *punkt*
nach gewan = *punkt nach* sint   26 = *punkt*   27 = *ohne*
klammern   **456**, 6 iu *D* = iu sus   17 *fragezeichen* = *komma*
457, 5 walde *alle* = walt   11 Gabenîs *D* = Kahenîs   12 wîs
Dgg = al wîs   **458**, 5 *punkt* = 4 *punkt* (*Paul Beitr.* 2, 90)
15 ruowen *D* = ruowe   27 under jenen *alle ausser Gd* =
undern (*Paul Beitr.* 2, 90)   **459**, 13. 14 vel liehten schîn gap
D = 13 vel gap liehten schîn   25 = *ohne klammern mit*
semikolon   **460**, 7 *punkt* = 8 *punkt*   9. 10 = *ohne klammern*
mit punkt

    461, 17—21 = *ohne klammern und fragezeichen* (*Singer*
Abh. z. germ. philol. für Heinzel s. 429)   18 von *Gdgg* = vor
27 ersiufzete *Dg* = ersiuft   **462**, 25 ein *D* = diu   **463**, 16
komma nach schar = 15 *komma nach* hellevart   schar = schâr
(*Bech Germ.* 7, 298. 24, 297; *Singer Abh. z. germ. philol. für*
Heinzel s. 374)   **464**, 17 er *D* = der   **465**, 8 *punkt* =
10 *punkt*   11 *punkt* = 12 *punkt*   17 lôn = lône   21 *kolon*
nach pareliure = 20 *punkt nach* triuwe (*Maxeiner Anz. f. d.*
alt. 19, 51; *Beitr. z. gesch. d. franz. wörter im mhd. s.* 35)
466, 8 aller *Dg* = al der   17 gespart *D* = bespart   23 *punkt*
= 24 *punkt* (*Singer Abh. z. germ. philol. für Heinzel s.* 430)
467, 14 daz *DGg* = der (*Paul Beitr.* 2, 91)   **468**, 12 niemen
DG = nie man   **469**, 23 *punkt* = 24 *punkt* (*Paul Beitr.*
2, 91)   **470**, 10 den stein *alle ausser G* = den   24 epitafium
alle ausser dg = epitafum   27 *punkt* = 26 *punkt*

    472, 7 nâhte *Ggg* = næhert   25 sîne *DGg* = sîn   **473**, 4
die *DGg* = ie   25 *punkt* = 26 *punkt*   **474**, 23 wannen
alle ausser Dg = wanne   **476**, 1 *punkt* = 2 *punkt*   **477**, 5

Katelangen = Katelange   **478**, 29 vor *alle ausser DG*
= von

481, 23 nâhe *D* = nâhn   28 manege *Ddgg* = mangen
482, 3 des *gg* = den   4 drinne *Dgg* = drin   21 strichenz
Gd = stricheus   **483**, 1. 2 horne : vorne *DG* = horn : vorn
13 *punkt* = 16 *punkt*   17 würze = [würze]   **484**, 22 =
ohne klammern mit semikolon   **486**, 9 den ir *D* = den
488, 27 = *ohne klammern mit punkt*   **489**, 12 werdekeite
= werdekeit   26. 27 = *ohne klammern mit punkt*   **490**, 17
glasvar = glas var (*besserung Rosenhagens*)   20 *kolon* =
19 *kolon*   28 viurlohen *D* = fiuwers lohen

491, 18 *nicht zur rede* = *zur rede*   **493**, 5 *punkt* =
6 *punkt*   **494**, 9 *komma nach* gert = 10 *komma nach* schar
(*besserung Pauls*)   **495**, 7 dienstes *alle* = diens   gein = geim
496, 25 *punkt* = 24 *punkt*   **497**, 1 *punkt* = 496, 30 *punkt*
9. 10 Plimizôl : Barbigôl = Plimizœl : Barbigœl   9 *punkt* = 10
punkt   25 *komma* = *punkt* (*vgl. Lachmann s.* 639)   **499**, 27
buoze *DG* = buoz   **500**, 27 = *in klammern mit komma*

501, 30 er mac *D* = mager   **502**, 5 werdeclîche *D*
= werdeclîchen   26 = *ohne klammern mit punkt*

X.

503, 7. 8 Plimizôl : Barbigôl *DG* = Plimizœl : Barbigœl
28 dô *D* = der   **504**, 7 mîn her *DGg* = hêr   12 *komma*
= *punkt*   19 ir erwern (ir wern *D*) = ir danne wern   **505**, 3
was *D* = kom   **506**, 22 hete des *D* = hetes   28 ich *D*
= ichz   29 nâhen *DG* = nâhe   **507**, 8 ditze *DG* = diz
10 Gâwânen *alle ausser d* = Gâwân   **508**, 11 vîgenboume
dg = vîgen boum   **509**, 21 *fragezeichen* = 22 *fragezeichen*
30 *fragezeichen* = *komma*   **510**, 9 *punkt* = 8 *punkt*

511, 25 sehet ir *D* = seht   **512**, 6 ob *D* = ob im
12 dennoch *D* = doch   **513**, 4 wande *D* = wan   **514**, 1
der *D* = er   26 porten *alle* = porte   30 gezôch *D* = zôch
515, 9 *fragezeichen* = *komma*   15 dienstes *alle ausser D* =
diens   17 iu *D* = iu nu   **516**, 13 *kolon* = 10 *kolon*   23 dâ
stênde Gâwân *D* = Gâwân dâ stênde   30 *fragezeichen* =
komma   **518**, 15 *punkt* = 14 *punkt*   26 geriet *D* = riet
520, 13 ir die *alle ausser Dg* = die

521, 6 vreissam *D* = freislîche   28 Estroite Voie ê
(una stroyt viê *D*) = Âv'estroit mâvoiê   30 ûf slîbes *D* =
ûf lîbs   **522**, 23 *punkt* = 24 *punkt*   **523**, 17 under *alle*
= sunder   alle *alle* = al (*Bock, Krit. bem. s.* 61)   **524**, 5
dienstes *alle ausser Dd* = diens   10 dô sprach er *D* = und
sprach   12 *punkt* = 16 *punkt* (*Paul Beitr.* 2, 92)   **525**, 17
der *Dg* = dirre   **526**, 10 sol immer *D* = sol   29 sîn und
D = und (*Bock Beitr.* 11, 184)   **527**, 5 *punkt* = 6 *punkt*
15 *punkt* = 16 *punkt*   **528**, 6 = 8 *beginn der direkten rede*
22 diu juncvrouwe *DG* = die juncfrowen   **530**, 16 dienstes
alle ausser D = diens

531, 1 krump *Gdgg* (chrump unde iunch *D*) = junc
(*Paul Beitr.* 2, 92)   **532**, 8 minnen *D* = minne   13 alsô
DG = als   Âmors *alle ausser Gg* = Amores (*Schwarz, Üb.
d. metr. eigent. in Wolfr. Parz. s.* 28)   22 dienen *D* = helfen
24 *punkt* = 26 *punkt*   **533**, 9 *fragezeichen* = *komma*   27 der
enwederz *Gdg* (denne wederz *D*) = da newederz   **534**, 5
fragezeichen = 6 *fragezeichen* (*Paul Beitr.* 2, 92)   9 arbeite
D = arbeit   19 anderhalben *Dd* = anderhalp   **535**, 3
schifrech = schefræch (*vgl. oben zu* 354, 5)   *punkt* = 4 *punkt*
12 hôchvartlîche *D* = hôchverteclîche   23 sîn die *D* = die
(*Bock Beitr.* 11, 185)   **537**, 3 alsô *D* = als   **538**, 5 =
ohne klammern mit komma   6 *fragezeichen* = 4 *fragezeichen*
26 iemen *D* = ie man   **540**, 17 *komma* = *fragezeichen*
20 *fragezeichen* = *punkt*   30 diz *D* = ditze

541, 2 Plimizôles *G* = Plimizœls   7 *punkt* = 8 *kolon*
27 swert diu *alle ausser Dg* = swert   **542**, 25 unden *Ddgg*
= unde   **546**, 13 reht *Ddg* = rehte   = *ohne komma*
28 innerhalben *D* = innerhalp   **547**, 21 *punkt* = 22 *punkt*
548, 7 gevüegentz *D* = flüegentz   11 vert *D* = wert   26 möhte
D = dorfte   **549**, 15 dâ *D* = do

XI.

554, 1 dienstes *alle ausser D* = diens   2 vür des *D*
= fürz   15 dienstes *alle ausser Dd* = diens   **555**, 3 und
D = si   8 sîn und *D* = und (*Bock Beitr.* 11, 185)   **556**, 5
michs *Dg* = mich   15 herre, vrâgets *DGg* = vrâgets   **557**, 20
nâhe *D* = nâhen   **558**, 23 *punkt* = 24 *kolon*   **559**, 1

fragezeichen = 558, 29 *fragezeichen*   3 = *kolon*   4 = *ohne klammern mit punkt*

562, 9 alle *DG* = al   16 = *punkt*   17 = *ohne klammern* 20 ichs iu *DGdg* = i'us   **563**, 7 alsô *Dd* = als   15 was *D* = lac   26 = *ohne klammern mit punkt*   27 *punkt* = 25 *punkt*   **564**, 9 âventiuren *D* = âventiure   21 *kolon nach* iuwer = *punkt nach* genesn   **565**, 3 mitten *D* = enmitten 29 *punkt* = 30 *punkt*   **566**, 11 = *punkt*   12. 13 = *ohne klammern*   **567**, 1 alsô = als   3 dâz = daz   8 *komma* = *fragezeichen*   13 mitten *D* = enmitten   **568**, 21 stap- slingen *D* = stabeslingen   **569**, 8 phlac *D* = gepflac   **570**, 1 vreissam *D* = freislîch   7 was. er *D* = er (*Bock Beitr.* 11, 186)   Gâwân = Gâwâne

571, 1 gebrumme = gebrummen (*Paul Beitr.* 2, 329) 15 mit *D* = er mit   **572**, 6 phnast = pfnâst (*Grimm, Deutsche gramm.* 1², 407)   11 *punkt* = 12 *punkt*   **573**, 11 beidiu *DG* = beide   15 *komma* = 16 *komma*   **574**, 23 ellende *alle ausser DGd* = ellenden   *fragezeichen* = *komma*   **575**, 2 nemen rehte *D* = rehte nemen   12 *punkt* = 15 *punkt*   20 ein vil *D* = ein   **577**, 11 mînen *DGg* = mirn   und = [und] 30 = 29 *beginn der direkten rede*   **578**, 13 juncvrouwen *D* = frouwen   17 niht *D* = iht   20 gêns *D* = gên   **579**, 9 wâren = [wârn]   20 quaschiuren *alle ausser Gg* = quaschiur

581, 1 = *ohne komma*   **582**, 3 Orgelûsen *alle* = Orgelûse 25 wande *DG* = wan   27 stêns *D* = stênes

Parzival.

VII.

Der nie gewarp nâch schanden,
eine wîle ze sînen handen
sol nû dise âventiure hân,
der werde erkande Gâwân.
5 diu prüevet manegen âne haz
dar neben oder vür in baz
denne des mæres herren Parzivâl.
swer sînen vriunt alle mâl
mit worten an daz hœste jaget,
10 derst prîses anderhalp verzaget.
nû wære der liute volge guot,
swer dicke lop mit wârheit tuot:
wan, swaz er sprichet oder sprach,
diu rede belîbet âne dach.
15 wer sol sinnes wort behalden,
es enwellen die wîsen walden?
valsch lügelîch ein mære,
daz, wæne ich, baz noch wære
âne wirt ûf einem snê,
20 sô daz dem munde würde wê,
derz ûz vür wârheit breitet:
sô hete in got bereitet,
als guoter liute wünschen stêt,
den ir triuwe zarbeite ergêt.
25 swem ist ze solhen werken gâch,
dâ missewende hœret nâch,
phliht werder lîp an den gewin,

daz muoz in lêren kranker sin.
er mîdetz ê, kan er sich schemen:
30 den site sol er ze vogete nemen.

339 Gâwân der reht gemuote,
sîn ellen phlac der huote,
sô daz diu wâre zageheit
an prîse im nie gevrumte leit.
5 sîn herze was ze velde ein burc,
gein scharphen strîten wol sô kurc,
in strîtes gedrenge man in sach.
vriunt und vîent im des jach,
sîn krîe wære gein prîse hel,
10 swie gerne in Kingrimursel
mit kamphe hete dâ von genomen.
nû was von Artûse komen,
des enweiz ich niht wie manegen tac,
Gâwân, der manheite phlac.
15 sus reit der werde degen balt
sîn rehte strâzen ûz einem walt
mit sînem gezoc durch einen grunt.
dâ wart im ûf dem bühel kunt
ein dinc, daz angest lêrte
20 und sîne manheit mêrte:
dâ ersach der helt vür unbetrogen
nâch maneger baniere zogen
mit grôzer vuore niht ze kranc.
er dâhte: 'mirst der wec ze lanc,
25 vlühtec wider gein dem walde.'
dô hiez er gürten balde
einem orse, daz im Orilus
gap. daz was genennet sus:
mit den rôten ôren Gringuljete.
30 er emphiencz âne aller slahte bete:

340 ez was von Munsalvæsche komen
und hetez Lehelîn genomen
ze Brumbâne bî dem sê.
einem ritter tet sîn tjoste wê,
5 den er tôt dar hinder stach:

des sider Trevrezent verjach.
    Gâwân dâhte: 'swer verzaget,
sô daz er vliuhet, ê man jaget,
daz ist sînem prîse gar ze vruo.
10 ich wil in nâher staphen zuo:
swaz mir dâ von nû mac geschehen
(ir hât michz merre teil gesehen),
des sol doch guot rât werden.'
dô erbeizte er zuo der erden,
15 rehte als er habete einen stal.
die rotte wâren âne zal,
die dâ mit kumpânîe riten.
er sach vil kleider wol gesniten
und manegen schilt wol gevar,
20 daz er ir niht bekande gar
noch deheine baniere under in.
'disem her ein gast ich bin'
sus sprach der werde Gâwân.
'sît ich ir deheine künde hân,
25 wellent siz in übel wenden,
eine tjost sol ich in senden,
deiswâr, mit mîn selbes hant,
ê daz ich von in sî gewant.'
dô was ouch Gringuljeten gegurt,
30 daz in manegen angestlîchen vurt
341 gein strîte was zer tjoste brâht.
des wart ouch dâ hin zim gedâht.
    Gâwân sach geflôrieret
und wol gezimieret
5 von rîcher koste helme vil.
si vuorten gein ir nîtspil
wîz niuwer sper ein wunder,
diu gemâlet wâren besunder,
juncherren gegeben in die hant,
10 ir herren wâpen dran bekant.
Gâwân fil li roi Lôt
sach von gedrenge grôze nôt,
mûle, die harnas muosten tragen,
und manegen wol geladen wagen:

15 den was gein herbergen gâch.
ouch vuor der market hinden nâch
mit wunderlîcher pârât:
des enwas et dô dehein ander rât.
ouch was der vrouwen dâ genuoc:
20 etslîchiu den zwelften gürtel truoc
ze phande nâch ir minne.
ez wâren niht küneginne:
die selben tripaniersen
hiezen soldiersen.
25 hie der junge, dort der alde.
dâ vuor vil ribalde:
ir loufen machte in müediu lide.
etslîcher zæme baz an der wide,
denne er daz her dâ mêrte
30 und werdez volc unêrte.
342   vür was geloufen und geriten
daz her, des Gâwân hete erbiten.
von solhem wâne daz geschach:
swer den helt dâ halden sach,
5 der wânde, er wære des selben hers.
dishalp noch jene sîte mers
gevuor nie stolzer ritterschaft:
si heten hôchmuotes kraft.
    nû vuor in balde hinden nâch
10 vaste ûf ir slâ, dem was vil gâch,
ein knappe gar unvuoge vrî.
ein ledec ors gienc im bî,
einen niuwen schilt er vuorte,
mit beiden sporn er ruorte
15 âne zart sîn runzît:
er wolde gâhen in den strît.
wol gesniten was sîn kleit.
Gâwân zuo dem knappen reit,
nâch gruoze er vrâcte mære,
20 wes diu massenîe wære.
dô sprach der knappe: 'ir spottet mîn.
herre, hân ich solhen pîn
mit unvuoge an iu erholt,

hete ich danne ander nôt gedolt,
25 diu stüende mir gein prîse baz.
durch got nû senftet iuwern haz.
ir erkennet ein ander baz denne ich:
waz hilft denne, daz ir vrâget mich?
ez sol iu baz wesen kunt
30 zeinem mâle und tûsentstunt.'
343   Gâwân bôt des manegen eit,
swaz volkes dâ vür in gereit,
daz er des niht erkande.
er sprach: 'mîn varn hât schande,
5 sît ich mit wârheit niht darf jehen,
daz ich ir keinen habe gesehen
vor disem tage an keiner stat,
swar man mîn dienest ie gebat.'
der knappe sprach ze Gâwân:
10 'herre, sô hân ich missetân:
ich soldez iu ê hân gesaget.
dô was mîn bezzer sin verzaget.
nû rihtet mîne schulde
nâch iuwer selbes hulde.
15 ich solz iu dar nâch gerne sagen:
lât mich mîn unvuoge ê klagen.'
'juncherre, nû saget mir, wer si sîn,
durch iuwern zühtebæren pîn.'
     'herre, sus heizt, der vor iu vert,
20 dem doch sîn reise ist unerwert:
rois Poidikonjunz
und duc Astor de Lanverunz.
dâ vert ein unbescheiden lîp,
dem minne nie gebôt dehein wîp:
25 er treget der unvuoge kranz
unde heizet Meljakanz.
ez wære wîp oder maget,
swaz er dâ minne hât bejaget,
die nam er gar in nœten:
30 man solde in drumme tœten.
344   er ist Poidikonjunzes sun
und wil ouch ritterschaft hie tuon:

der phliget der ellens rîche
dicke unverzagetlîche.
5 waz hilft sîn manlîcher site?
ein swînmuoter, liefe ir mite
ir verhelîn, diu werte ouch sie.
ich engehôrte man geprîsen nie,
was sîn ellen âne vuoge:
10 des volgent mir genuoge.
herre, noch hœrt ein wunder.
lât iu daz sagen besunder:
grôz her nâch iu dâ vüeret,
den sîn unvuoge rüeret,
15 der künec Meljanz von Lîz.
hôchvartlîchen zornes vlîz
hât er gevrumet âne nôt:
unrehtiu minne im daz gebôt.'
    der knappe in sîner zuht verjach:
20 'herre, ich sagez iu, wande ichz sach.
des künec Meljanzes vater,
in tôdes leger vür sich bater
die vürsten sînes landes.
unerlœset phandes
25 stuont sîn ellenthaftez leben:
daz muoste sich dem tôde ergeben.
in der selben riuwe
bevalh er ûf ir triuwe
Meljanzen den klâren
30 allen den, die dâ wâren.
345   er kôs im einen sunder dan:
der vürste was sîn hœster man,
gein triuwe alsô bewæret,
aller valscheit erlæret.
5 den bat er ziehen sînen sun.
er sprach: 'dû maht an im nû tuon
dîner triuwe hantveste.
bit in, daz er die geste
und die heimlîchen habe wert.
10 swennes der kummerhafte gert,
dem bit in teilen sîne habe.'

sus wart bevolhen dâ der knabe.
dô leiste der vürste Lipaôt
al daz sîn herre, der künec Schôt,
15 an tôdes leger gein im warp:
harte wênec des verdarp,
endehaft ez wart geleistet sider.
der vürste vuorte den knappen wider.
der hete dâ heime liebiu kint,
20 als si im noch billîche sint,
eine tohter, der des niht gebrach,
wan daz man des ir zîte jach,
si wære wol âmîe.
si hiez Obîe,
25 ir swester heizet Obilôt.
Obîe vrumt uns dise nôt.
eins tages gedêch ez an die stat,
daz si der junge künec bat
nâch sînem dienste minne.
30 si vervluochte im sîne sinne

346   und vrâcte in, wes er wânde,
war um er sich sinnes ânde.
si sprach hin zim: 'wært ir sô alt,
daz under schilte wære bezalt
5 in werdeclîchen stunden,
mit helme ûf houbet gebunden
gein herteclîchen vâren,
iuwer tage in vünf jâren,
daz ir den prîs dâ hetet genomen,
10 und wært ir danne wider komen
ze mînem gebote gewesen dâ,
spræche ich denne alrêste jâ,
des iuwer wille gerte,
alze vruo ich iuch gewerte.
15 ir sît mir liep (wer lougent des?)
als Annôren Gâlôes,
diu sît den tôt durch in erkôs,
dô si in von einer tjost verlôs.'
'ungerne ich,' sprach er, 'vrouwe,
20 iuch sô bî liebe schouwe,

daz iuwer zürnen ûf mich gêt.
genâde doch bî dem dienste stêt,
swer triuwe rehte mezzen wil.
vrouwe, des ist iu gar ze vil,
25   daz ir mînen sin sus smâhet.
ir habet iuch gar vergâhet:
ich möhte doch des genozzen hâu,
daz iuwer vater ist mîn man
und daz er hât von mîner hant
30   manege burc und al sîn lant.'
347   'swem ir iht lîht, der diene ouch daz'
sprach si. 'mîn zil sich hœhet baz:
ich enwil von niemen lêhen hân.
mîn vrîheit ist sô getân,
5   ieslîcher krône hôch genuoc,
die irdesch houbet ie getruoc.'
er sprach: 'ir sîtz gelêret,
daz ir hôchvart sus mêret,
sît iuwer vater gap den rât.
10   er wandelt mir die missetât.
ich sol hie wâpen alsô tragen,
daz wirt gestochen und geslagen,
ez sî strîten oder turnei.
hie belîbet vil der sper enzwei.'
15   mit zorne schiet er von der maget.
sîn zürnen sêre wart geklaget
von al der massenîe,
in klagete ouch Obîe.
  gein dirre ungeschihte
20   bôt sîn gerihte
und anders wandels genuoc
Lipaôt, der unschulde truoc.
ez wære krump oder sleht,
er gerte sîner genôze reht,
25   hof, dâ die vürsten wæren,
und er wære ze disen mæren
komen âne schulde.
genædeclîcher hulde
er vaste sînen herren bat.

30 dem tet der zorn ûf vreuden mat.
348 man kunde dâ niht gâhen,
 sô daz Lipaôt wolde vâhen
 sînen herren, wande er was sîn wirt,
 als noch getriuwer man verbirt.
 5 der künec âne urloup dannen schiet,
 als im sîn kranker sin geriet.
 sîne knappen, vürsten kindelîn,
 al weinde tâten klagen schîn,
 die mit dem künege dâ wâren gewesen.
10 vor den mac Lipaôt wol genesen,
 wande er si mit triuwe hât erzogen,
 gein werder vuore niht betrogen,
 ez ensî denne mîn herre al ein,
 an dem doch svürsten triuwe erschein.
15 mîn herre ist ein Franzeis,
 li schahteliur de Bêâveis,
 er heizet Lisavander.
 die eine und die ander
 muosten dem vürsten widersagen,
20 dô si schiltes ammet muosten tragen.
 bî dem künege ritter worden sint
 vil vürsten hiute und ander kint.
 des vordern hers phliget ein man,
 der wol mit scharphen strîten kan,
25 rois Poidikonjunz von Gors.
 der vüert manec wol gewâpent ors.
 Meljanz ist sîns bruoder sun.
 si kunnen beide hôchvart tuon,
 der junge und ouch der alde.
30 daz es unvuoge walde!
349 sus hât der zorn sich vür genomen,
 daz beide künege wellent komen
 vür Bêârosche, dâ man muoz
 gedienen mit arbeit wîbe gruoz.
 5 vil sper muoz man dâ brechen,
 beidiu hurten unde stechen.
 Bêârosche ist sô ze wer,
 ob wir heten zweinzec her,

ieslîchez grœzer, denne wir hân,
10 wir müesten si unzevüeret lân.
mîn reise istz hinder her verholn:
disen schilt hân ich dan verstoln
ûz von andern kinden,
ob mîn herre möhte vinden
15 eine tjost durch sînen êrsten schilt,
mit hurtes poinder dar gezilt.'
    der knappe hinder sich dô sach:
sîn herre vuor im balde nâch,
driu ors und zwelf wîziu sper
20 gâhten mit im balde her.
ich wæne, sîn gir des iemen trüge,
er wolde gerne ze vorvlüge
die êrsten tjost dâ hân bejaget:
sus hât mir diu âventiur gesaget.
25 der knappe sprach ze Gâwân:
'herre, lât mich iuwern urloup hân.'
der kêrte sînem herren zuo.
waz welt ir, daz Gâwân nû tuo,
er enbesehe, waz disiu mære sîn?
30 doch lêrte in zwîvel strengen pîn.
350 er dâhte: 'sol ich strîten sehen
und sol des niht von mir geschehen,
sôst al mîn prîs verloschen gar.
kum aber ich durch strîten dar
5 und wirde ich dâ geletzet,
mit wârheit ist entsetzet
al mîn werltlîcher prîs.
ich entuon es niht deheinen wîs:
ich sol ê leisten mînen kamph.'
10 sîn nôt sich in ein ander klamph:
gein sîner kamphes verte
was ze belîben alze herte.
er enmohte ot dâ niht vür gevarn.
er sprach: 'nû müeze got bewarn
15 die kraft an mîner manheit.'
Gâwân gein Bêârosche reit.
    burc und stat sô vor im lac,

daz niemen bezzers hûses phlac.
ouch gleste gein im schône
20 aller ander bürge ein krône
mit türnen wol gezieret.
nû was geloschieret
dem her dar vür ûf den plân.
dô marcte mîn her Gâwân
25 manegen riuc wol gehêret.
dâ was hôchvart gemêret:
wunderlîcher baniere
kôs er dâ manege schiere
und maneger slahte vremden bovel.
30 der zwîvel was sîns herzen hovel,
351   dâ durch in starkiu angest sneit.
Gâwân mitten durch si reit,
doch ieslîch zeltsnuor die andern dranc.
ir her was wît unde lanc:
5 dô sach er, wie si lâgen,
wes dise und jene phlâgen.
swer 'bien sei venuz' dâ sprach,
'gramerzis' er wider jach.
grôz rotte an einem orte lac:
10 sarjande von Semblidac,
den lac dâ sunder nâhen bî
turkopel von Kahetî.
unkünde dicke unminne sint.
sus reit des künec Lôtes kint:
15 belîbens bete in niemen bat.
    Gâwân kêrte gein der stat.
er dâhte: 'sol ich kipper wesen,
ich mac vor vlüste baz genesen
dort in der stat dan hie bî in.
20 ich enkêre mich an deheinen gewin,
wan wie ich daz mîn behalde,
sô daz es gelücke walde.'
Gâwân gein einer porten reit.
der burgære site was im leit:
25 si enhete niht betûret,
al ir porten wâren vermûret

und al ir wîchûs werlîch.
dar zuo der zinnen ieslîch
mit armbruste ein schütze phlac,
30 der sich schiezens her ûz bewac:
352 si vlizzen sich gein strîtes werc.
Gâwân reit ûf an den berc,
swie wênec er dâ wære bekant.
er reit ûf, dâ er die burc vant.
5 sîn ougen muosten schouwen
manege werde vrouwen.
diu wirtîn selbe komen was
durch warten ûf den palas
mir ir schœnen tohtern zwein,
10 von den vil liehter varwe schein.
schier hete er von in vernomen.
si sprâchen: 'wer was uns hie komen?'
sus sprach diu alde herzogîn:
'waz gezoges mac ditze sîn?'
15 dô sprach ir elder tohter sân:
'muoter, ez ist ein koufman.'
'nû vüert man im doch schilte mite.'
'daz ist vil koufliute site.'
ir junger tohter dô sprach:
20 'dû zîhes in, daz doch nie geschach:
swester, des mahtû dich schamen.
er gewan nie koufmannes namen:
er ist sô minneclîch getân,
ich wil in zeinem ritter hân.
25 sîn dienest mac hie lônes gern:
des wil ich in durch liebe wern.'
sîne knappen nâmen dô goume,
daz ein linde und ölboume
unden bî der mûre stuont.
30 daz dûhte si ein gæber vunt.
353 waz welt ir, daz si mêr nû tuon?
wan dô erbeizte der künec Lôtes sun,
aldâ er den besten schaten vant.
sîn kamerære truoc dar zehant
5 einen kulter und ein matraz,

dar ûf der stolze werde saz.
ob im saz wîbe hers ein vluot.
sîn kamergewant man nider luot
undz harnas von den soumen.
10 hinden under den andern boumen
herberge nâmen sie,
knappen, die dâ kômen hie.
    diu alde herzogîn sprach sân:
'tohter, welh koufman
15 kunde alsus gebâren?
dû ensolt sîn sus niht vâren.'
dô sprach diu junge Obilôt:
'unvuoge ir dennoch mêr gebôt:
gein rois Meljanz von Lîz
20 si kêrte ir hôchverte vlîz,
dô er si bat ir minne.
gunêrt sîn solhe sinne!'
dô sprach Obîe,
vor zorne niht diu vrîe:
25 'sîn vuore ist mir unmære.
dort sitzt ein wehselære,
des market muoz hie werden guot.
sîne soumschrîn sint sô behuot,
dîns ritters, tœrschiu swester mîn,
30 er wil ir selbe goumel sîn.'
354   gar dirre worte hôre
kom Gâwâne in sîn ôre.
die rede lât sîn, als si nû stê.
    nû hœret, wiez der stat ergê.
5 ein schifrech wazzer vür si vlôz
durch eine brücke steinîn grôz.
niht gein der vîende want
(anderhalp was unverhert daz lant)
ein marschalc kom geriten sân:
10 vür die brücken ûf den plân
nam er herberge wît.
sîn herre kom an rehter zît
und ander, die dâ solden komen.
ich sagez iu, hât irs niht vernomen,

15 wer in des wirtes helfe reit
und wer durch in mit triuwen streit.
im kom von Brevigariez
sîn bruoder, duc Marangliez.
durch den kômen zwêne ritter snel:
20 der werde künec Schirniel,
der truoc krône ze Lirivoin,
als tet sîn bruoder zAvendroin.
 dô die burgære gesâhen,
daz in helfe wolde nâhen,
25 daz ê des was ir aller rât,
daz dûhte si dô ein missetât.
der vürste Lipaôt dô sprach:
'ouwê, daz Bêârosche ie geschach,
daz ir porten suln vermûret sîn!
30 wan swenne ich gein dem herren mîn

355 schiltes ammet zeige,
mîn bestiu zuht ist veige:
ez hülfe mich uud stüende ouch baz
sîn hulde denne sîn grôzer haz.
5 wie stêt ein tjost durch mînen schilt,
mit sîner hende dar gezilt,
oder ob versnîden sol mîn swert
sînen schilt, mîns herren wert!
gelobet daz iemer wîse wîp,
10 diu hât alze lôsen lîp.
nû lât mich mînen herren hân
in mînem turne: ich müeste in lân
und mit im in den sînen.
swar an er mich wil pînen,
15 des stên ich im gar ze sînem gebote.
doch sol ichs gerne danken gote,
daz er mich niht gevangen hât,
sît in sîn zürnen niht erlât,
er enwelle mich hie besitzen.
20 nû râtet mir mit witzen',
sprach er zen burgæren,
'gein disen strengen mæren.'
 dô sprach dâ manec wîse man:

'möhtet ir unschult genozzen hân,
25 ez enwære niht komen an disiu zil.'
si gâben im des râtes vil,
daz er sîne porten ûf tæte
und al die besten bæte
ûz gein der tjoste rîten.
30 si jâhen: 'wir mugen sô strîten,
356 ê daz wir uns von zinnen wern
Meljanzes beiden hern.
ez sint doch allez meistec kint,
die mit dem künege dâ komen sint:
5 dâ erwerbe wir vil lîhte ein phant,
dâ von ie grôzer zorn verswant.
der künec ist lîhte alsô gemuot,
swenne er hie ritterschaft getuot,
er sol uns nôt erlâzen
10 und al sîn zürnen mâzen.
veltstrîtes sol uns doch baz gezemen,
denne daz si uns ûz der mûre nemen.
wir solden wol gedingen
dort in ir snüeren ringen,
15 wan Poidikonjunzes kraft:
der vüert die herten ritterschaft.
dâst unser grœster vreise
die gevangen Berteneise,
der phliget der herzoge Astor:
20 den siht man hie gein strîte vor.
dâst ouch sîn sun Meljakanz.
hete den erzogen Gurnemanz,
sô wære sîn prîs gehœhet gar:
doch siht man in in strîtes schar.
25 dâ engein ist uns grôz helfe komen.'
ir habet ir râten wol vernomen:
der vürste tet, als man im riet.
die mûre er ûz den porten schiet.
die burgære ellens unbetrogen
30 begunden ûz ze velde zogen,
357 hie ein tjost, diu ander dort.
daz her begunde ouch trecken vort

her gein der stat durch hôhen muot.
ir vesperîe wart vil guot:
5 ze beider sît rotte ungezalt,
garzûne krîe manecvalt,
beide schottesch unde walsch
wart dâ gerüefet sunder valsch.
der ritter tât was âne vride.
10 die helde erswungen dâ die lide:
ez wâren doch allez meistec kint.
die ûz dem her dar komen sint,
die begunden dâ vil werder tât:
die burgære phanden si ûf der sât.
15 der nie gediende an wîbe
kleinœte, der möhte an lîbe
nimmer bezzer wât getragen.
von Meljanze hôrte ich sagen,
sîn zimierde wære guot:
20 er hete ouch selbe hôhen muot
und reit ein schœne kastelân,
daz Meljakanz dort gewan,
dô er Keien sô hôhe dar hinder stach,
daz man in am aste hangen sach.
25 dôz Meljakanz dort erstreit,
Meljanz von Lîz ez hie wol reit.
     sîn tât was vor ûz sô bekant,
al sîne tjoste in ir ougen vant
Obîe dort ûf dem palas,
30 dar si durch warten komen was.
358   'nû sich,' sprach si, 'swester mîn:
deiswâr, mîn ritter und der dîn
begênt hie ungelîchiu werc.
der dîne wænt, daz wir den berc
5 und die burc süln verliesen.
ander wer wir müezen kiesen.'
diu junge muoste ir spotten doln.
diu sprach: 'er mac sichs wol erholn:
ich gibe im noch gein ellen trôst,
10 daz er dîns spottes wirt erlôst.
er sol dienest gein mir kêren

und ich wil im vreude mêren.
sît dû gihs, er sî ein koufman,
er sol mîns lônes market hân.'
15 ir beider strît der worte
Gâwân ze merke hôrte.
als ez im dô getohte,
übersaz erz, swie er mohte.
sol lûter herze sich niht schemen,
20 daz muoz der tôt dâ von ê nemen.
   daz grôze her al stille lac,
des Poidikonjunz dort phlac:
wan ein werder jungelinc
was in dem strîte und al sîn rinc,
25 der herzoge von Lanverunz.
dô kom Poidikonjunz:
ouch nam der alt wîse man
die eine und die andern dan.
diu vesperîe was erliten
30 und wol durch werdiu wîp gestriten.
359   dô sprach Poidikonjunz
zem herzogen von Lanverunz:
'geruocht ir mîn niht bîten?
sô ir vart durch rüemen strîten,
5 sô wænt ir, daz sî guot getân.
hiest der werde Lahedumân
und ouch Meljakanz mîn sun:
swaz die beide solden tuon
und ich selbe, ir möhtet dâ strîten sehen,
10 ob ir strîten kundet spehen.
ich enkum niemêr von dirre stat,
ich enmache uns alle strîtes sat
oder mir gebent man und wîp
her ûz gevangen ir beider lîp.'
15 dô sprach der herzoge Astor:
'herre, iuwer neve was dâ vor,
der künec, und al sîn her von Lîz:
solde iuwer her an slâfes vlîz
die wîle sich hân gekêret?
20 habet ir uns daz gelêret,

sô slâfe ich, dâ man strîten sol:
ich kan bî strîte slâfen wol.
doch geloupt mir daz, wære ich niht komen,
die burgære heten dâ genomen
25 vrumen und prîs zir handen.
ich bewar iuch dâ vor schanden.
durch got nû senftet iuwern zorn:
dâst mêr gewunnen denne verlorn
von iuwer massenîe,
30 wils jehen vrou Obîe.'
360 Poidikonjunzes zorn was ganz
ûf sînen neven Meljanz.
doch brâhte der werde junge man
vil tjoste durch sînen schilt her dan:
5 daz endorfte sîn niuwer prîs niht klagen.
    nû hœret von Obîen sagen:
diu bôt ir hazzes genuoc
Gâwân, der in âne schulde truoc.
si wolde im werben schande:
10 einen garzûn si sande
hin ze Gâwâne, dâ der saz.
si sprach: 'nû vrâge in vürbaz,
ob diu ors veile sîn
und ob in sînen soumschrîn
15 lige inder werdez krâmgewant.
wir vrouwen koufenz al zehant.'
der garzûn kom gegangen:
mit zorne er wart emphangen.
Gâwânes ougen blicke
20 in lêrten herzen schricke:
der garzûn sô verzagete,
daz er envrâcte noch ensagete
al daz in sîn vrouwe werben hiez.
Gâwân die rede ouch niht liez,
25 er sprach: 'vart hin, ir ribalt!
mûlslege al ungezalt
sult ir hie vil emphâhen,
welt ir mir vürbaz nâhen.'
der garzûn dannen lief oder gienc.

30　　nû hœrt, wiez Obîe ane vienc:
361　einen juncherren si sprechen bat
　　den burcgrâven von der stat.
　　der was geheizen Scherules.
　　si sprach: 'dû solt in biten des,
5　daz erz durch mînen willen tuo
　　und manlîche grîfe zuo.
　　under den ölboumen bî dem graben
　　stênt siben ors: diu sol er haben
　　und ander rîcheite vil.
10　ein koufman uns hie triegen wil:
　　bit in, daz er daz wende.
　　ich getrûwe des sîner hende,
　　si nemez unvergolden:
　　ouch hât erz unbescholden.'
15　der knappe hin nider sagete
　　al daz sîn vrouwe klagete.
　　'ich sol vor triegen uns bewarn'
　　sprach Scherules: 'ich wil dar varn.'
　　　er reit hin ûf, dâ Gâwân saz.
20　der selten ellens ie vergaz,
　　an dem er vant krancheite vlust,
　　lieht antlitze und hôhe brust
　　und einen ritter wol gevar.
　　Scherules in pruovte gar,
25　sîne arme und ieweder hant
　　und swaz geschickede er dâ vant.
　　dô sprach er: 'herre, ir sît ein gast:
　　guoter witze uns gar gebrast,
　　sît ir niht herberge hât.
30　nû prüevetz uns vür missetât.
362　ich sol nû selbe marschalc sîn:
　　liute und guot, swaz heizet mîn,
　　daz kêre ich iu gein dienstes siten.
　　nie gast ze wirte kom geriten,
5　der im wære als undertân.'
　　'herre, iuwer genâde!' sprach Gâwân.
　　'daz hân ich ungedienet noch:
　　ich sol iu gerne volgen doch.'

Scherules der lobes gehêrte
10 sprach, als in sîn triuwe lêrte:
'sît ez sich hât an mich gezoget,
ich bin vor vlust nû iuwer voget,
ez enneme iu denne daz ûzer her:
dâ bin ich mit iu an der wer.'
15 mit lachendem munde er sprach
hin zal den knappen, die er dâ sach:
'ladet ûf iuwer harnas über al:
wir suln hin nider in daz tal.'
Gâwân vuor mit sînem wirt.
20 Obîe nû daz niht verbirt,
ein spilwîp si sande,
die ir vater wol erkande,
und enbôt im solhiu mære,
dâ vüere ein valschære,
25 'des habe ist rîche unde guot:
bit in durch rehten ritters muot,
sît er vil soldiere hât
ûf ors, ûf silber und ûf wât,
daz diz sî ir êrste gelt.
30 ez vrumt wol siben ûf daz velt.'
363 daz spilwîp zem vürsten sprach
al des sîn tohter dar verjach.
swer ie urliuges phlac,
dem was vil nôt, ob er bejac
5 möhte an rîcher koste hân.
Lipaôten den getriuwen man
überlesten soldiere,
daz er gedâhte schiere:
'ich sol daz guot gewinnen
10 mit zorne oder aber mit minnen.'
die nâchreise er niht vermeit.
Scherules im widerreit:
er vrâcte, war im wære sô gâch.
'ich rîte dem trügenære nâch:
15 von dem saget man mir mære,
ez sî ein valschære.'
unschuldec was her Gâwân:

ez enhete niht wan diu ors getân
und ander, daz er vuorte.
20 Scherulesen lachen ruorte.
   dô sprach er: 'herre, ir sît betrogen:
swerz iu sagete, er hât gelogen,
ez wære maget, man oder wîp.
unschuldec ist mîns gastes lîp:
25 ir sult in anders prîsen.
er engewan nie münzîsen,
welt ir der rehten mære losen.
sîn lîp getruoc nie wehselphosen.
seht sîne gebære und hœret sîniu wort
30 (in mînem hûs liez ich in dort):
364   kunt ir danne ritters vuore spehen,
ir müezt im rehter dinge jehen.
sîn lîp gein valsche nie wart balt.
swer im dar über tuot gewalt,
  5 wærez mîn vater oder mîn kint,
alle, die gein im in zorne sint,
mîne mâge oder mîn bruoder,
die müesten diu strîtes ruoder
gein mir ziehen: ich wil in wern,
10 vor unrehten strîten nern,
swâ ich, herre, vor iuwern hulden mac.
ûz schiltes ammet in einen sac
wolde ich mich ê ziehen,
sô verre ûz arte vliehen,
15 dâ mich niemen erkande,
è daz ir iuwer schande,
herre, an im begienget.
güetlîche ir emphienget
billîcher alle, die her sint komen
20 und iuwern kummer hânt vernomen,
denne daz ir si welt rouben.
des sult ir iuch gelouben.'
der vürste sprach: 'nû lâz mich in gesehen.'
'dâ mac niht arges ûz geschehen.'
25 er reit, dâ er Gâwânen sach.
zwei ougen und ein herze jach,

diu Lipaôt mit im brâhte dar,
daz der gast wære wol gevar
und rehte manlîche site
30 sînen gebærden wonten mite.
365 swem wâriu liebe ie erholte,
daz er herzeminne dolte,
herzen minne ist des erkant,
daz herze ist rehter minne ein phant,
5 alsô versetzet und verselt,
dehein munt ez nimmer gar volzelt,
waz minne wunders vüegen kan.
ez sî wîp oder man,
die krenket herzen minne
10 vil dicke an hôhem sinne.
Obîe unde Meljanz,
ir zweier minne was sô ganz
und stuont mit solhen triuwen,
sîn zorn iuch solde riuwen.
15 daz er mit zorne von ir reit,
des gap ir trûren solhez leit,
daz ir kiusche wart gein zorne balt.
unschuldec Gâwân des engalt
und ander, diez mit ir dâ liten.
20 si kom dicke ûz vrouwenlîchen siten:
sus vlaht ir kiusche sich in zorn.
ez was ir beider ougen dorn,
swâ si den werden man gesach:
ir herze Meljanze jach,
25 er müeste vor ûz der hœste sîn.
si dâhte: 'ob er mich lêret pîn,
den sol ich gerne durch in hân.
den jungen werden süezen man
vor al der werlde ich minne:
30 dar jagent mich herzen sinne.'
366 von minnen noch zornes vil geschiht:
nû enwîzet ez Obîen niht.
nû hœret, wie ir vater sprach,
dô er den werden Gâwân sach
5 und er in in daz lant emphienc,

wie erz mit rede dô ane vienc.
dô sprach er: 'herre, iuwer komen
daz mac mit sælden uns gevromen.
ich hân gevarn manege vart:
10 sô suoze in mînen ougen wart
nie von angesihte.
zuo dirre ungeschihte
sol iuwer künfteclîcher tac
uns trœsten, wande er trœsten mac.'
15 er bat in tuon dâ ritters tât:
'ob ir harnases mangel hât,
des lât iuch wol bereiten gar.
welt ir, sît, herre, in mîner schar.'
dô sprach der werde Gâwân:
20 'ich wære des ein bereiter man:
ich hân harnas und starke lide,
wan daz mîn strîten stêt mit vride
unz an eine benande stunde.
ir læget obe oder unde,
25 daz wolde ich durch iuch lîden:
nû muoz ichz durch daz mîden,
herre, unz ein mîn kamph ergêt,
dâ mîn triuwe sô hôhe phandes stêt,
durch aller werden liute gruoz
30 ich si mit kamphe lœsen muoz
367   (sus bin ich ûf der strâzen)
oder ich muoz den lîp dâ lâzen.'
     daz was Lipaôte ein herzeleit.
er sprach: 'herre, durch iuwer werdekeit
5 und durch iuwer zühte hulde
sô vernemet mîn unschulde.
ich hân zwuo tohter, die mir sint
liep, wan si sint mîniu kint.
swaz mir got hât an den gegeben,
10 dâ wil ich bî mit vreuden leben.
ô wol mich, daz ich ie gewan
kummer, den ich von in hân!
den treget iedoch diu eine
mit mir al gemeine.

15 ungelîch ist diu gesellekeit:
mîn herre ir tuot mit minnen leit
und mir mit unminne.
als ich michs versinne,
mîn herre mir gewalt wil tuon,
20 durch daz ich hân deheinen sun.
mir suln ouch tohter lieber sîn:
waz denne? ob ichs nû lîde pîn,
den wil ich mir ze sælden zeln.
swer sol mit sîner tohter weln,
25 swie ir verboten sî daz swert,
ir wer ist anders alsô wert:
si erwirbet im kiuscheclîche
einen sun vil ellens rîche.
des selben ich gedingen hân.'
30 'nû gewers iuch got' sprach Gâwân.

368 Lipaôt der vürste al vaste bat.
'herre, durch got die rede lât'
sus sprach des künec Lôtes sun.
'durch iuwer zuht sult ir daz tuon
5 und lât mich triuwe niht enbern.
eins dinges wil ich iuch gewern:
ich sage iu hînte bî dirre naht,
wes ich mich drumme hân bedâht.'
Lipaôt im dancte und vuor zehant.
10 an dem hove er sîne tohter vant
und des burcgrâven tohterlîn.
diu zwei diu snalten vingerlîn.
dô sprach er Obilôte zuo:
'tohter, wannen kumstû?'
15 'vater, ich var dâ nider her.
ich getrûwe im wol, daz er michs gewer:
ich wil den vremden ritter biten
dienstes nâch lônes siten.'
'tohter, sô sî dir geklaget,
20 er enhât mir ane noch abe gesaget.
kum mîner bete anz ende nâch.'
der megede was zem gaste gâch.
dô si in die kemenâten gienc,

Gâwân spranc ûf. dô er si emphienc,
25 zuo der süezen er dô saz.
er dancte ir, daz si niht vergaz
sîn, dâ man im missebôt.
er sprach: 'geleit ie ritter nôt
durch ein sus wênec vrouwelîn,
30 dâ solde ich durch iuch inne sîn.'
369 diu junge süeze klâre
sprach âne alle vâre:
'got sich des wol versinnen kan,
herre, ir sît der êrste man,
5 der ie mîn redegeselle wart:
ist mîn zuht dar an bewart
und ouch mîn schamlîcher sin,
daz gît an vreuden mir gewin,
wan mir mîn meisterîn verjach,
10 diu rede wære des sinnes dach.
herre, ich bite iuwer unde mîn:
daz lêrt mich endehafter pîn.
den nenne ich iu, geruochet irs:
habet ir mich ihtes deste wirs,
15 ich var doch ûf der mâze phat,
wande ich dâ ziu mîn selber bat.
ir sît mit der wârheit ich.
swie die namen teilen sich,
mîns lîbes namen sult ir hân:
20 nû sît maget unde man.
ich hân iuwer unde mîn gegert.
lât ir mich, herre, ungewert
nû schamlîche von iu gên,
dar umme muoz ze rehte stên
25 iuwer prîs vor iuwer selbes zuht,
sît mîn magetuomlîchiu vluht
iuwer genâde suochet.
ob ir des, herre, ruochet,
ich wil iu geben minne
30 mit herzenlîchem sinne.
370 ob ir manlîche site hât,
sô wæne ich wol, daz ir niht lât,

ir endient mir: ich bin dienstes wert.
sît ouch mîn vater helfe gert
5 an vriunden und an mâgen,
lât iuch des niht betrâgen,
ir endient uns beiden ûf mîn eines lôn.'
    er sprach: 'vrouwe, iuwers mundes dôn
wil mich von triuwen scheiden.
10 untriuwe iu solde leiden.
mîn triuwe dolt die phandes nôt:
ist si unerlœset, ich bin tôt.
doch lât mich dienst und sinne
kêren gein iuwer minne.
15 ê daz ir minne meget gegeben,
ir müezet vünf jâr ê leben:
darst iuwer minne zît ein zal.'
nû dâhte er des, wie Parzival
wîben baz getrûwete denne gote:
20 sîn bevelhen was dirre megede ein bote
Gâwân in daz herze sîn.
dô lobete er dem vrouwelîn,
er wolde durch si wâpen tragen.
er begunde ir vürbaz mêre sagen:
25 'in iuwer hende sî mîn swert.
ob iemen tjoste gein mir gert,
den poinder müezt ir rîten,
ir sult dâ vür mich strîten.
man mac mich dâ in strîte sehen:
30 der muoz mînhalp von iu geschehen.'
371   si sprach: 'vil wênec mich des bevilt.
ich bin iuwer scherm und iuwer schilt
und iuwer herze und iuwer trôst.
sît ir mich zwîvels hât erlôst,
5 ich bin vür ungevelle
iuwer geleite und iuwer geselle,
vür ungelückes schûr ein dach
bin ich iu senfteclîch gemach.
mîn minne sol iu vride bern,
10 gelückes vor der angest wern,
daz iuwer ellen niht verbirt,

ir enwert iuch vaste unz an den wirt.
ich bin wirt und wirtîn
uud wil in strîte bî iu sîn.
15 swenne ir des gedingen hât,
sælde und ellen iuch niht enlât.'
dô sprach der werde Gâwân:
'vrouwe, ich wil beidiu hân,
sît ich in iuwerm gebote lebe,
20 iuwer minne und iuwer trôstes gebe.'
die wîle wâren ir hendelîn
zwischen den handen sîn.
dô sprach si: 'herre, nû lât mich varn.
ich muoz ouch mich dar an bewarn:
25 wie vüeret ir âne mînen solt?
dar zuo wære ich iu alze holt.
ich sol mich arbeiten,
mîn kleinœte iu bereiten.
swenne ir daz traget, deheinen wîs
30 überhœht iuch nimmer ander prîs.'
372 dan vuor diu maget und ir gespil.
si buten beide ir dienstes vil
Gâwâne dem gaste:
der neic ir hulden vaste.
5 dô sprach er: 'sult ir werden alt,
trüege denne niht wan sper der walt,
als erz am andern holze hât,
daz würde iu zwein ein ringiu sât.
kan iuwer jugent sus twingen,
10 welt irz inz alter bringen,
iuwer minne lêrt noch ritters hant,
dâ von ie schilt gein sper verswant.'
dannen vuoren die megede beide
mit vreuden sunder leide.
15 des burcgrâven tohterlîn
diu sprach: 'nû saget mir, vrouwe mîn,
wes habet ir im ze gebene wân,
sît daz wir niht wan tocken hân?
sîn die mîne iht schœner baz,
20 die gebet im âne mînen haz:

dâ wirt vil wênec nâch gestriten.’
der vürste Lipaôt kom geriten
an dem berge enmitten.
Obilôten und Klauditten
25 sach er vor im ûf hin gên:
er bat si beide stille stên.
dô sprach diu junge Obilôt:
‘vater, mir wart nie sô nôt
dîner helfe. dar zuo gip mir rât:
30 der ritter mich gewert hât.’
373　‘tohter, swes dîn wille gert,
hân ichz, des bistû gewert.
ô wol der vruht, diu an dir lac!
dîn geburt was der sælden tac.’
5 ‘vater, sô wil ich dirz sagen,
heimlîche mînen kummer klagen:
nâch dînen genâden dar zuo sprich.’
er bat si heben vür sich.
si sprach: ‘war kœme denne mîn gespil?’
10 dô hielt der ritter bî im vil:
die striten, wer si solde nemen.
des mohte ieslîchen wol gezemen:
iedoch bôt man si einem dar.
Klauditte was ouch wol gevar.
15 　al rîtende sprach ir vater zir:
‘Obilôt, nû sage mir
ein teil von dîner nœte.’
‘dâ hân ich kleinœte
dem vremden ritter gelobet.
20 ich wæne, mîn sin hât getobet.
hân ich im niht ze gebene,
waz touc ich denne ze lebene?
sît er mir dienest hât geboten,
sô muoz ich schemelîche roten,
25 ob ich im niht ze gebene hân.
nie megede wart sô liep ein man.’
dô sprach er: ‘tohter, warte an mich:
ich sol des wol bereiten dich,
sît dû dienstes von im gers.

374
30 ich gibe dir, daz dû in gewers,
   ob dich halt dîn muoter lieze.
   got gebe, daz ichs genieze,
   ouwî, er stolz werder man,
   waz ich gedingen gein im hân.
 5 nie wort ich dennoch zim gesprach:
   in mînem slâfe ich in hînte sach.'
      Lipaôt gienc vür die herzogîn
   und Obilôt, diu tohter sîn.
   dô sprach er: 'vrouwe, stiurt uns zwei.
10 mîn herze nâch vreuden schrei,
   dô mich got dirre maget beriet
   und mich von ungemüete schiet.'
   diu alde herzogîn sprach sân:
   'waz welt ir mînes guotes hân?'
15 'vrouwe, sît irs uns bereit,
   Obilôt wil bezzer kleit.
   si dunket sichs mit wirde wert,
   sît sô werder man ir minne gert
   und er ir biutet dienstes vil
20 und ouch ir kleinœte wil.'
   dô sprach der megede muoter:
   'er süezer man vil guoter!
   ich wæne, ir meint den vremden gast.
   sîn blic ist rehte ein meien glast.'
25   dô hiez tragen dar diu wîse
   samît von Etnîse.
   unversniten wât truoc man dâ mite,
   phelle von Tabronite
   ûz dem lande ze Tribalibôt.
30 an Kaukasas daz golt ist rôt,
375   dar ûz die heiden manege wât
   würkent, diu vil spæhe hât,
   mit rehter art ûf sîden.
   Lipaôt hiez balde snîden
 5 sîner tohter kleider:
   er miste gerne ir beider,
   der bœsten und der besten.
   einen phelle mit golde vesten

den sneit man an daz vrouwelîn.
10 ir muoste ein arm geblœzet sîn:
dâ was ein ermel von genomen,
der solde Gâwâne komen.
daz was ir prisente,
phelle von Nourîente,
15 verre ûz heidenschaft gevuort.
der hete ir zeswen arm geruort,
doch an den roc niht genæt:
dâ enwart nie vadem zuo gedræt.
den brâhte Klauditte dar
20 Gâwâne dem wol gevar.
dô wart sîn lîp gar sorgen vrî.
sîner schilte wâren drî:
ûf einen sluoc er in al zehant.
al sîn trûren gar verswant:
25 sînen grôzen danc er niht versweic,
vil dicke er dem wege neic,
den diu juncvrouwe gienc,
diu in sô güetlîche emphienc
und in sô minneclîche
30 an vreuden machte rîche.
376   der tac hete ende und kom diu naht.
ze beider sît was grôziu maht,
manec werlîch ritter guot.
wære des ûzern hers niht solhiu vluot,
5 sô heten die innern strîtes vil.
dô mâzen si ir letze zil
bî dem liehten mânen.
si kunden sich wol ânen
vorhteclîcher zageheit.
10 vor tages wart von in bereit
zwelf zingel wîte,
vergrabet gein dem strîte,
daz ieslîch zingel muoste hân
ze orse ûz drî barbigân.
15 Kardefablêt de Jâmor,
des marschalc nam dâ vier tor,
dâ man smorgens sach sîn her

wol mit ellenthafter wer.
der herzoge rîche
20 streit dâ ritterlîche.
diu wirtîn was sîn swester.
er was des muotes vester
denne anders manec strîtec man,
der wol in strîte tûren kan:
25 des leit er dicke in strîte pîn.
sîn her dâ zogete snahtes în.
er was verre dar gestrichen,
wande er selten was entwichen
strîteclîcher herte.
30 vier porten er dâ wol werte.

377   swaz hers anderhalp der brücken lac,
daz zogete ê über, ê kom der tac,
ze Bêârosche in die stat.
als si Lipaôt der vürste bat,
5 dô wâren die von Jâmor
geriten über die brücken vor.
man bevalh ieslîche porten sô,
daz si werlîche dô
stuonden, dô der tac erschein.
10 Scherules der kôs im ein,
die er und mîn her Gâwân
niht unbehuot wolden lân.
man hôrte dâ von den gesten
(ich wæne, daz wâren die besten),
15 die klageten, daz dâ wære geschehen
ritterschaft gar âne ir sehen
und daz diu vesperîe ergienc.
daz ir deheiner tjost dâ emphienc,
diu klage was gar âne nôt:
20 ungezalt man si in dâ bôt,
allen den, dies geruochten
und si ûz ze velde suochten.
in den gazzen kôs man grôze slâ.
ouch sach man her unde dâ
25 manege banier zogen în
allez bî des mânen schîn

   und manegen helm von rîcher kost
   (man wolde si vüeren gein der tjost)
   und manec sper wol gemâl.
30 ein Regensburger zindâl

378 dâ wære ze swachem werde:
   vor Beârosche ûf der erde,
   man sach dâ wâpenröcke vil
   hôher an der koste zil.
5   diu naht tet nâch ir aldem site,
   an dem orte ein tac ir zogete mite:
   den kôs man niht bî lerchen sanc.
   manec hurte dâ vil lûte erklanc:
   daz kom in von strîtes sachen.
10 man hôrte diu sper dâ krachen,
   rehte als ez wære ein wolken rîz.
   dâ was daz junge her von Lîz
   komen an die von Lirivoin
   und an den künec von Avendroin.
15 dâ erhal manec rîchiu tjoste guot,
   als der würfe in grôze gluot
   ganze kastâne.
   âvoi, wie ûf dem plâne
   von den gesten wart geriten
20 und von den burgæren gestriten!
   Gâwân und der schahteliur,
   durch der sêle âventiur
   und durch ir sælden urhap
   ein phaffe in eine messe gap:
25 der sanc si beide got und in.
   dô nâhte ir werdekeit gewin,
   wande ez was ir gesetze.
   dô riten si in ir letze.
   ir zingel was dâ vor behuot
30 mit manegem werden ritter guot:

379 daz wâren Scheruleses man.
   von den wart ez dâ guot getân.
   waz mac ich nû sprechen mêr?
   wan Poidikonjunz was hêr:
5 der reit dar zuo mit solher kraft,

wære Swarzwalt ieslîch stûde ein schaft,
man dorfte dâ niht mêr waldes sehen,
swer sîne schar wolde spehen.
der reit mit sehs vanen zuo,
10 vor den man strîtes begunde vruo.
pusûner gâben dôzes klac,
alsô der doner, der ie phlac
vil angestlîcher vorhte.
manec tambûrer dâ worhte
15 mit der pusûner galm.
wart inder dâ kein stuphenhalm
getretet, des enmohte ich niht:
Erffurter wîngarte giht
von tretene noch der selben nôt.
20 manec orses vuoz die slâge bôt.
dô kom der herzoge Astor
mit strîte an die von Jâmor.
dâ wurden tjoste gewetzet,
manec werder man entsetzet
25 hinderz ors ûf den acker.
si wâren ir strîtes wacker:
vil vremder krîe man dâ rief.
manec vole âne sînen meister lief,
des herre dort ze vuoze stuont:
30 ich wæne, dem was gevelle kunt.
380 dô ersach mîn her Gâwân,
daz gevlohten was der plân,
die vriunt in der vînde schar:
er huop ouch sich mit poinder dar.
5 müelîch sîn was ze warten,
diu ors doch wênec sparten
Scherules und die sîne:
Gâwân si brâhte in pîne.
waz er dâ ritter nider stach
10 und waz er starker sper zebrach,
der werden tavelrunder bote!
hete er die kraft niht von gote,
sô wære dâ prîses vür in gegert.
dô wart erklenget manec swert.

15 im wâren al ein beidiu her,
gein den was sîn hant ze wer
die von Lîz und die von Gors.
von beider sît er manec ors
gezogen brâhte schiere
20 zuo sîns wirtes baniere.
er vrâcte, ob si iemen wolde dâ:
der was dâ vil, die sprâchen jâ.
si wurden al gelîche
sîner geselleschefte rîche.
25   dô kom ein ritter her gevarn,
der ouch diu sper niht kunde sparn.
der burcgrâve von Bêâveis
und Gâwân der kurteis
kômen an ein ander,
30 daz der junge Lisavander

381   hinderm orse ûf den bluomen lac,
wande er von tjoste gevelles phlac.
daz ist mir durch den knappen leit,
der sandern tages mit zühten reit
5 und Gâwân sagete mære,
wâ von diz komen wære.
der erbeizte über sînen herren nider.
Gâwân in erkande und gap im wider
daz ors, daz dâ wart bejaget.
10 der knappe im neic, wart mir gesaget.
   nû seht, wâ Kardefablêt
selbe ûf dem acker stêt
von einer tjost mit hurte erkant.
die zilte Meljakanzes hant.
15 dô zucten in die sîne enbor:
dâ wart dicke Jâmor
mit herten swertslegen geschrît.
dâ wart enge und niht ze wît,
dâ hurte gein der hurte dranc.
20 manec helm in in diu ôren klanc.
Gâwân nam sîne geselleschaft:
dô ergienc sîn poinder mit kraft,
mit sîns wirtes baniere

beschutte er harte schiere
25 von Jâmor den werden.
dô wart ûf die erden
ritter vil gevellet.
geloubetz, ob ir wellet:
geziuge sint mir gar verzaget,
30 wan als diu âventiure saget.

382 Ieh cuns de Muntâne
vuor gein Gâwâne.
dâ wart ein rîchiu tjost getân,
daz der starke Lahedumân
5 hinderm orse ûf dem acker lac.
dar nâch er sicherheite phlac,
der stolze degen wert erkant:
diu ergienc in Gâwânes hant.
dô streit der herzoge Astor
10 den zingeln aller næste vor:
dâ ergienc manec hurteclîcher strît.
dicke Nantes wart geschrît,
Artûses herzeichen.
die herten, niht die weichen,
15 was dâ manec ellender Berteneis
und die soldiere von Destrigleis
ûz Êreckes lande.
der tât man dâ bekande,
ir phlac duc de Lanverunz.
20 ouch möhte Poidikonjunz
die Berteneise hân ledec lân:
sô wart ez dâ von in getân.
si wâren Artûse
zer muntâne Klûse
25 abe gevangen, dâ man strîten sach:
in einem sturme daz geschach.
si schrîten Nantes nâch ir siten
hie oder swâ si strîtes biten:
daz was ir krîe und ir art.
30 etslîcher truoc vil grâwen bart.

383 ouch hete ieslîch Bertûn
durch bekantnisse ein gampilûn

eintweder ûf helm oder ûf den schilt
nâch Ilinôtes wâpen gezilt:
5 daz was Artûses werder sun.
waz mohte Gâwân dô tuon,
er ensiufzete, dô er diu wâpen sach,
wande im sîn herze jâmers jach.
sîn œheimes sunes tôt
10 brâhte Gâwânen in jâmers nôt:
er bekande wol der wâpen schîn.
dô liefen über diu ougen sîn.
er liez die von Bertâne
sus tûren ûf dem plâne:
15 er wolde mit in strîten niht,
als man noch vriuntschefte giht.
er reit gein Meljanzes her.
dâ wâren die burgære ze wer,
daz mans in danken mohte,
20 wan daz in doch niht tohte
daz velt gein überkraft ze behaben.
si wâren entwichen gein dem graben.
    den burgæren manege tjost dâ bôt
ein ritter allenthalben rôt:
25 der hiez der ungenande,
wande in niemen dâ bekande.
ich sagez iu, als ichz hân vernomen:
er was zuo Meljanze komen
dâ vor an dem dritten tage.
30 des kômen die burgære in klage:
384 Meljanze er helfe sich bewac.
der erwarp ouch im von Semblidac
zwelf knappen, die sîn nâmen war
an der tjoste und an der poinder schar:
5 swaz sper gebieten mohte ir hant,
diu wurden gar von im verswant.
sîn tjoste wâren mit hurte hel,
wande er den künec Schirniel
und sînen bruoder dâ vienc.
10 dennoch dâ mêr von im ergienc:
sicherheit er niht erliez

den herzogen Marangliez.
die wâren des ortes herte.
ir volc sich dennoch werte.
15   Meljanz der künec dâ selbe streit:
swem er liep und herzeleit
hete getân, die muosten jehen,
daz selten mêre wære geschehen
von deheinem alsô jungen man,
20 als ez dâ von im wart getân.
sîn hant vil vester schilte kloup.
waz starker sper vor im zestoup,
dâ sich poinder in den poinder slôz!
sîn jungez herze was sô grôz,
25 daz er strîtes muoste gern:
des enmohte in niemen dâ gewern
volleclîch (daz was ein nôt),
unz er Gâwân tjostieren bôt.
Gâwân ze sînem knappen nam
30 der zwelf sper einz von Angram,
als erz erwarp zem Plimizôl.
Meljanzes krîe was Barbigôl,
diu werde houbetstat in Lîz.
Gâwân nam sîner tjoste vlîz:
5 dô lêrte Meljanzen pîn
von Oraste Gentesîn
der starke rœrîne schaft.
durch den schilt in dem arme er brast.
ein rîchiu tjost dâ geschach:
10 Gâwân in vlügelingen stach
und enzwei sînen hindern satelbogen,
daz die helde vür unbetrogen
hinder den orsen stuonden.
dô tâten si, als si kunden,
15 mit den swerten tûren.
dâ wære zwein gebûren
gedroschen mêr denne genuoc:
ieweder des andern garbe truoc,
stückeht die wurden hin geslagen.
20 Meljanz ein sper ouch muoste tragen,

385

daz stacte dem helde durch den arm:
bluotec sweiz im machte warm.
dô zucte in mîn her Gâwân
in Brevigariezer barbigân
25 und betwanc in sicherheite:
der was er im bereite.
wære der junge man niht wunt,
dâ enwære niemen sô gâhes kunt,
daz er im würde undertân:
30 man müestes in langer hân erlân.

386   Lipaôt der vürste, des landes wirt,
sîn manlîch ellen niht verbirt.
gein dem streit der künec von Gors.
dâ muosten beidiu liute und ors
5 von geschütze lîden pîne,
dâ die Kahetîne
und die sarjande von Semblidac
ieslîcher sîner künste phlac:
turkopel kunden wenken.
10 die burgære muosten denken,
waz vînde von ir letzen schiet.
si heten sarjande ad piet:
ir zingel wâren sô behuot,
als dâ man noch daz beste tuot.
15 swelh wert man dâ den lîp verlôs,
Obîen zorn unsanfte erkôs,
wande ir tummiu lôsheit
vil liute brâhte in arbeit.
wes engalt der vürste Lipaôt?
20 sîn herre, der alde künec Schôt,
hetes in erlâzen gar.
dô begunde müeden ouch diu schar:
dennoch streit vaste Meljakanz,
ob sîn schilt wære ganz?
25 des enwas niht hende breit beliben:
dô hete in verre hin dan getriben
der herzoge Kardefablêt.
der turnei al stille stêt
ûf einem blüemînen plân.

30 dô kom ouch mîn her Gâwân:
387   des kom Meljakanz in nôt,
daz im der werde Lanzelôt
nie sô vaste zuo getrat,
dô er von der swertbrücke phat
5 kom und dâ nâch mit im streit.
im was gevancnisse leit,
die vrou Ginôvêr dolte,
die er dâ mit strîte holte.
     dô punierte Lôtes sun.
10 waz mohte Meljakanz nû tuon,
er entribe ouch daz ors mit sporn dar?
vil liute nam der tjoste war.
wer dâ hinderm orse læge?
den der von Norwæge
15 gevellet hete ûf die ouwe.
manec ritter unde vrouwe
dise tjost ersâhen.
die Gâwân prîses jâhen,
den vrouwen ez guot ze sehene was
20 her nider von dem palas.
Meljakanz wart getret,
durch sîn kursît gewet
manec ors, daz sît nie gruose enbeiz:
ez reis ûf in der bluotec sweiz.
25 dâ ergienc der orse schelmetac,
dar nâch den gîren ir bejac.
dô nam der herzoge Astor
Meljakanzen den von Jâmor:
der was vil nâch gevangen.
30 der turnei was ergangen.
388   wer dâ nâch prîse wol rite
und nâch der wîbe lône strite?
ich enmöhte ir niht erkennen.
solde ich si iu alle nennen,
5 ich würde ein unmüezec man.
innerhalp wart ez dâ guot getân
durch die jungen Obilôt
und ûzerhalp ein ritter rôt,

die zwêne behielden dâ den prîs,
10 vür si niemen deheinen wîs.
   dô des ûzern hers gast
innen wart, daz im gebrast
dienstdankes von dem meister sîn
(der was gevangen hin în),
15 er reit, dâ er sîne knappen sach.
ze sînen gevangen er dô sprach:
'ir herren gâpt mir sicherheit.
mir ist hie widervarn leit:
gevangen ist der künec von Lîz.
20 nû kêret allen iuwern vlîz,
ob er ledec müge sîn,
mac er sô vil geniezen mîn'
sprach er zem künec von Avendroin
und ze Schirniel von Lirivoin
25 und zem herzogen Marangliez.
mit spæher gelübede er si liez
von im rîten in die stat:
Meljanzen er si lœsen bat
oder daz si erwürben im den grâl.
30 si enkunden im ze keinem mâl
389   niht gesagen, wâ der was,
wan sîn phlæge ein künec, hieze Amfortas.
dô diu rede von in geschach,
der rôte ritter aber sprach:
5 'ob mîner bete niht ergêt,
sô vart, dâ Pelrapeire stêt.
brinct der künegîn iuwer sicherheit
und saget ir, der durch si dâ streit
mit Kingrûne und mit Klâmidê,
10 dem sî nû nâch dem grâle wê
und doch wider nâch ir minne.
nâch beiden ich immer sinne.
nû saget ir sus, ich sande iuch dar.
ir helde, daz iuch got bewar!'
15 mit urloube si riten în.
   dô sprach ouch er zen knappen sîn:
'wir sîn gewinnes unverzaget.

nemt, swaz hie orse sî bejaget:
wan einz lât mir an dirre stunt.
20 ir seht wol, daz mîne ist sêre wunt.'
dô sprâchen die knappen guot:
'herre, iuwer genâde, daz ir uns tuot
iuwer helfe sô grœzlîche.
wir sîn nû immer rîche.'
25 er welte im einz ûf sîne vart,
mit den kurzen ôren Ingliart,
daz dort von Gâwâne gienc,
innen des er Meljanzen vienc.
dâ holtez des rôten ritters hant:
30 des wart verdürkelt etslîch rant.
390 mit urloube tet er dannenkêr.
vünfzehen ors oder mêr
liez er in âne wunden.
die knappen danken kunden,
5 si bâten in belîben vil:
vürbaz gestôzen was sîn zil.
dô kêrte der gehiure,
dâ grôz gemach was tiure:
er ensuochte niht wan strîten.
10 ich wæne, bî sînen zîten
ie dehein man sô vil gestreit.
daz ûzer her al zogende reit
ze herbergen durch gemach.
dort inne der vürste Lipaôt sprach
15 und vrâcte, wiez dâ wære komen,
wande er hête vernomen,
Meljanz wære gevangen.
daz was im liebe ergangen:
ez kom im sît ze trôste.
20 Gâwân den ermel lôste
âne zerren von dem schilte
(sînen prîs er hôher zilte):
den gap er Klauditten.
an dem orte und ouch dâ mitten
25 was er durchstochen und durchslagen.
er hiez in Obilôte tragen:

dô wart der megede vreude grôz.
ir arm was blanc unde blôz,
dar über hefte si in dô sân.
30 si sprach 'wer hât mir dâ getân?'
391 immer, swenne si vür ir swester gienc,
diu disen schimph mit zorne emphienc.
den rittern dâ was ruowe nôt,
wande in grôz müede daz gebôt.
5 Scherules nam Gâwân
und den grâven Lahedumân.
dennoch mêr ritter er dâ vant,
die Gâwân mit sîner hant
des tages ûf dem velde vienc,
10 dâ manec grôziu hurte ergienc.
dô sazte si ritterlîche
der burcgrâve rîche.
er und al sîn müediu schar
stuonden vor dem künege gar,
15 unz daz Meljanz enbeiz:
guoter handelunge er sich dâ vleiz.
des dûhte Gâwân ze vil.
'ob ez der künec erlouben wil,
her wirt, sô sult ir sitzen'
20 sprach Gâwân mit witzen:
sîn zuht in dar zuo jagete.
der wirt die bete versagete,
er sprach: 'mîn herre ist sküneges man.
disen dienst hete er getân,
25 ob den künec des gezæme,
daz er sînen dienest næme.
mîn herre durch zuht sîn niht ensiht,
wande er enhât sîner hulde niht.
gesament die vriuntschaft iemêr got,
30 sô leiste wir alle sîn gebot.'
392 dô sprach der junge Meljanz:
'iuwer zuht was ie sô ganz,
die wîle daz ich wonte hie,
daz iuwer rât mich nie verlie.
5 hete ich iu baz gevolget dô,

sô sæhe man mich hiute vrô.
nû helft mir, grâve Scherules,
wande ich iu wol getrûwe des,
um mînen herren, der mich hie hât,
10 (si hœrent wol beide iuwern rât)
und Lipaôt, der ander vater mîn,
der tuo sîn zuht nû gein mir schîn.
sîner hulde hete ich niht verlorn,
woldes sîn tohter hân enborn:
15 diu pruovte gein mir tôren schimph.
daz was unvrouwenlîch gelimph.’
dô sprach der werde Gâwân:
‘hie wirt ein snone getân,
die niemen scheidet wan der tôt.’
20   dô kômen, die der ritter rôt
hin ûz hete gevangen,
ûf vür den künec gegangen:
die sageten, wie ez wære komen.
dô Gâwân hête vernomen
25 sîniu wâpen, der mit in dâ streit,
und wem si gâben sicherheit,
und dô si im sageten um den grâl,
dô dâhte er des, daz Parzivâl
dises mæres wære ein urhap.
30 sîn nîgen er gein himele gap,
393   daz got ir strîtes gegenniet
des tages von ein ander schiet.
des was ir heldiu zuht ein phant,
daz ir neweder wart genant:
5 si enerkande ouch niemen dâ.
daz tet man aber anderswâ.
   zuo Meljanz sprach Scherules:
‘herre, muoz ich iuch biten des,
sô ruochet mînen herren sehen.
10 swes vriunt dâ beidenthalben jehen,
des sult ir gerne volgen
und sît im niht erbolgen.’
daz dûhte si guot über al.
dô vuoren si ûf des küneges sal,

15 daz inner her von der stat:
des vürsten marschalc si des bat.
dô nam mîn her Gâwân
den grâven Lahedumân
und ander sîne gevangen,
20 die kômen dar zuo gegangen:
er bat si geben sicherheit,
die er des tages ab in erstreit,
Scherulese sînem wirt.
mennegelîch nû niht verbirt,
25 si envüeren, als dâ gelobet was,
ze Bêârosche ûf den palas.
Meljanze gap diu burcgrâvîn
rîchiu kleider und ein rîselîn,
dâ er sînen wunden arm în hienc,
30 dâ Gâwâns tjoste durch gienc.

394   Gâwân bî Scherulese enbôt
sîner vrouwen Obilôt,
daz er si gerne wolde sehen
und ouch mit wârheite jehen
5 sînes lîbes undertân
und er wolde ouch ir urloup hân,
'und saget, ich lâze ir den künec hie:
bitet si sich bedenken wie,
daz si in alsô behalde,
10 daz prîs ir vuore walde.'
dise rede hôrte Meljanz.
der sprach: 'Obilôt wirt kranz
aller wîplîchen güete.
daz senftet mir mîn gemüete,
15 ob ich ir sicherheit muoz geben,
daz ich ir vrides hie sol leben.'
'ir sult si dâ vür hân erkant,
iuch envienc hie niemen wan ir hant'
sus sprach der werde Gâwân.
20 'mînen prîs sol si al eine hân.'
     Scherules kom vür geriten.
nû enwas ze hove niht vermiten,
dâ enwære maget, man und wîp

in solher wæte iesliches lip,
25 daz man kranker armer wât
des tages dâ hete lihten rât.
mit Meljanz ze hove reit
al die dort ûze ir sicherheit
ze phande heten lâzen.
30 dort elliu vieriu sâzen,
395 Lipaôt, sîn wîp, sîniu kint.
ûf giengen, die dâ komen sint:
der wirt gein sînem herren spranc.
ûf dem palase was grôz gedranc,
5 dâ er den vîent und die vriunde emphienc.
Meljanz bî Gâwâne gienc.
'kundez iu niht versmâhen,
mit kusse iuch wolde emphâhen
iuwer aldiu vriundîn:
10 ich meine mîn wîp, die herzogîn.'
Meljanz antwurte dem wirte sân:
'ich wil gerne ir kus mit gruoze hân,
zweier vrouwen, die ich hie sihe:
der dritten ich niht suone gihe.'
15 des weinden die eldern dô:
Obilôt was vil vrô.
    der künec mit kusse emphangen wart
und zwêne ander künege âne bart:
als tet der herzoge Marangliez.
20 Gâwânen man kusses ouch niht erliez
und daz er næme sîne vrouwen dar.
er dructe daz kint wol gevar
als eine tocken an sîne brust:
des twanc in vriuntlîch gelust.
25 hin ze Meljanz er sprach:
'iuwer hant mir sicherheite jach:
der sît nû ledec und gebet si her.
aller mîner vreuden wer
sitzet an dem arme mîn:
30 ir gevangen sult ir sîn.'
396 Meljanz durch daz dar nâher gienc.
diu maget Gâwânen zuo zir gevienc:

Obilôte doch sicherheit geschach,
dâz manec werder ritter sach.
5 'her künec, nû habet ir missetân,
sol mîn ritter sîn ein koufman,
des mich mîn swester vil an streit,
daz ir im gâbet sicherheit'
sus sprach diu maget Obilôt.
10 Meljanze si dâ nâch gebôt,
daz er sicherheit verjæhe,
diu in ir hant geschæhe,
ir swester Obîen.
'zeiner âmîen
15 sult ir si hân durch ritters prîs:
zeinem herren und zeinem âmîs
sol si iuch immer gerne hân.
ich enwils iuch enwederhalp erlân.'
got ûz ir jungem munde sprach:
20 ir bete beidenthalp geschach.
dâ meisterte vrou Minne
mit ir krefteclîchem sinne
und herzenlîchiu triuwe
der zweier liebe al niuwe.
25 Obîen hant vür den mantel sleif:
dô si Meljanzes arm begreif,
al weinde kuste ir rôter munt,
dâ der was von der tjoste wunt.
manec zaher im den arm begôz,
30 der von ir liehten ougen vlôz.
397 wer machte si vor der diet sô balt?
daz tet diu minne junc und alt.
Lipaôt dô sînen willen sach,
wande im sô liebe nie geschach.
5 sît got der êren in niht erliez,
sîne tohter er dô vrouwe hiez.
wie diu hôchzît ergienc,
des vrâct den, der dâ gâbe emphienc,
und war dô mennegelîch rite,
10 er hete gemach oder er strite,
des mac ich niht ein ende hân.

man sagete mir, daz Gâwân
urloup nam ûf dem palas,
dar er durch urloup komen was.
15 Obilôt des weinde vil,
si sprach: 'nû vüert mich mit iu hin.'
dô wart der jungen süezen maget
diu bete von Gâwâne versaget:
ir muoter si kûme von im brach.
20 urloup er dô zin allen sprach:
Lipaôt im dienstes bôt genuoc,
wande er im holdez herze truoc.
Scherules, sîn stolzer wirt,
mit al den sînen niht verbirt,
25 er enrîte ûz mit dem degene balt.
Gâwâns strâze ûf einen walt
gienc: dar sande er weideman
und spîse verre mit in dan.
urloup nam der werde helt.
30 Gâwân gein kummer was verselt.

VIII.

398 Swer was ze Bêârosche komen,
doch hete Gâwân dâ genomen
den prîs ze beider sît al ein,
wan daz dâ vor ein ritter schein,
5 bî rôtem wâpen unerkant,
des prîs man in die hœhe bant.
Gâwân hete êre unde heil,
ieweders volleclîchen teil:
nû nâhet ouch sîns kamphes zît.
10 der walt was lanc unde wît,
dâ durch er muoste strîchen,
wolde er kamphes niht entwîchen:
âne schulde er was dar zuo erkorn.
nû was ouch Ingliart verlorn,
15 sîn ors mit kurzen ôren:
in Tabronit von môren
wart nie bezzer ors ersprenget.
nû wart der walt gemenget,
hie ein schache, dort ein velt,
20 etslîchez sô breit, daz ein gezelt
vil kûme drûfe stüende.
mit sehene gewan er künde
erbûwenes landes, daz hiez Askalûn.
dâ vrâgete er gein Schamfanzûn,
25 swaz im dâ volkes widervuor.
hôch gebirge und manec muor,
des hete er vil durchstrichen dar.
dô nam er einer bürge war:
âvoi, diu gap vil werden glast.
30 dâ kêrte gein des landes gast.

399 nû hœrt von âventiuren sagen
und helfet mir dar under klagen
Gâwâns grôzen kummer.
mîn wîser und mîn tummer,
5 die tuonz durch ir gesellekeit
und lâzen in mit mir sîn leit.
ouwê, nû solde ich swîgen:
nein, lât vürbaz sîgen,
der etswenne gelücke neic
10 und nû gein ungemache seic.
  disiu burc was gehêret sô,
daz Ênêas Kartâgô
nie sô herrenlîche vant,
dâ vroun Dîdôn tôt was minnen phant.
15 waz si palase phlæge
und wie vil dâ türne læge?
ir hete Akratôn genuoc,
diu âne Babilône ie truoc
an dem griffe die grœsten wîte.
20 nâch heiden worte strîte
si was alumme wol sô hôch,
und dâ si gein dem mer gezôch,
deheinen sturm si widersaz
noch grôzen ungevüegen haz.
25 dâ vor lac raste breit ein plân,
dar über reit her Gâwân.
vünf hundert ritter oder mêr
(ob den allen was einer hêr)
die kômen im dâ widerriten
30 in liehten kleidern wol gesniten,
400 als mir diu âventiure sagete.
ir vederspil dâ jagete
den kranech oder swaz vor in dâ vlôch.
ein râvît von Spâne hôch
5 reit der künec Vergulaht.
sîn blic was tac wol bî der naht:
sîn geslehte sande Mazadân
vür den berc ze Feimorgân,
sîn art was von der feien.

10 in dûhte, er sæhe den meien
in rehter zît von bluomen gar,
swer nam des küneges varwe war.
Gâwânen des bedûhte,
dô der künec sô gein im lûhte,
15 ez wære der ander Parzivâl
und daz er Gahmuretes mâl
hete, alsô diz mære weiz,
dô der reit în ze Kanvoleiz.
  ein reiger tet durch vluht entwîch
20 in einen muoregen tîch:
den brâhten valken dar gehurt.
der künec suochte unrehten vurt,
in valken helfe wart er naz.
sîn ors verlôs er umme daz,
25 dar zuo al diu kleider sîn
(doch schiet er valken von ir pîn):
daz nâmen die valkenære.
ob daz ir reht iht wære?
ez was ir reht, si soldenz hân:
30 man muoste ouch si bî rehte lân.
401 ein ander ors man im dô lêch:
des sînen er sich gar verzêch.
man hienc ouch ander kleider an in:
jenez was der valkenære gewin.
5 hie kom Gâwân zuo geriten.
âvoi, nû wart dâ niht vermiten,
er enwürde baz emphangen,
denne ze Karidôl wære ergangen
Êreckes emphâhen,
10 dô er begunde nâhen
Artûs nâch sînem strîte
und dô vrou Ênîte
sîner vreude was ein kondewier,
sît im Maliklischier
15 daz twerc sîn vel unsanfte brach
mit der geisel, dâz Ginôvêr sach,
und dô ze Tulmein ein strît
ergienc in dem kreize wît

um den sparwære.
20 Îdêr fil Noit der mære
im sîne sicherheit dâ bôt:
er muoste si im bieten vür den tôt.
die rede lât sîn und hœrt si ouch hie:
ich wæne, sô vrieschet ir nie
25 werden antvanc noch gruoz.
ouwê, des wirt unsanfte buoz
des werden Lôtes kinde.
râtet irz, ich erwinde
und sage iu vürbaz niht mêr.
30 durch trûren tuon ich widerkêr.
402   doch vernemt durch iuwer güete,
wie ein lûter gemüete
vremder valsch gevrumte trüebe.
ob ich iu vürbaz üebe
5 diz mære mit rehter sage,
sô kumt irs mit mir in klage.
    dô sprach der künec Vergulaht:
'herre, ich hân mich des bedâht,
ir sult rîten dort hin în.
10 mac ez mit iuwern hulden sîn,
ich briche iu nû gesellekeit.
ist aber iu mîn vürbaz rîten leit,
ich lâze, swaz ich ze schaffen hân.'
dô sprach der werde Gâwân:
15 'herre, swaz ir gebietet,
billîche ir iuch des nietet:
daz ist ouch âne mînen zorn
mit guotem willen gar verkorn.'
dô sprach der künec von Askalûn:
20 'herre, ir seht wol Schamfanzûn.
dâst mîn swester ûf, ein maget:
swaz munt von schœne hât gesaget,
des hât si volleclîchen teil.
welt irz iu prüeven vür ein heil,
25 deiswâr, sô muoz si sich bewegen,
daz si iuwer unz an mich sol phlegen:
ich kum iu schierre, denne ich sol.

ouch erbeitet ir mîn vil wol,
gesehet ir die swester mîn:
30 ir enruocht, wolde ich noch lenger sîn.’
403   ‘ich sihe iuch gerne, als tuon ich sie.
doch hânt mich grôze vrouwen ie
ir werden handelunge erlân’
sus sprach der stolze Gâwân.
5 der künec sande einen ritter dar
und enbôt der maget, daz si sîn war
sô næme, daz langiu wîle
in diuhte ein kurziu île.
Gâwân vuor, dar der künec gebôt.
10   welt ir, noch swîge ich grôzer nôt:
nein, ich wilz iu vürbaz sagen.
strâze und ein phert begunde tragen
Gâwânen gein der porte
an des palas orte.
15 swer bûwes ie begunde,
baz denne ich sprechen kunde
von dises bûwes veste.
dâ lac ein burc, diu beste,
diu ie genant wart ertstift:
20 unmâzen wît was ir begrift.
der bürge lop sul wir hie lân,
wande ich iu vil ze sagene hân
von des küneges swester, einer maget.
hiest von bûwe vil gesaget:
25 die prüeve ich rehte, als ich sol.
was si schœne, daz stuont ir wol,
und hete si dar zuo rehten muot,
daz was gein werdekeit ir guot,
sô daz ir site und ir sin
30 was gelîch der marcgrâvin,
404   diu dicke von dem Heitstein
über al die marke schein.
wol im, derz heimlîche an ir
solde prüeven! des geloubet mir,
5 der vant kurzwîle dâ
bezzer denne anderswâ.

ich mac des von vrouwen jehen,
als mir diu ougen kunnen spehen:
swar ich rede kêre ze guote,
10 diu bedarf wol zühte huote.
nû hœre dise âventiure
der getriuwe und der gehiure:
ich enruoche um die ungetriuwen.
mit dürkelen triuwen
15 hânt si alle ir sælekeit verlorn:
des muoz ir sêle lîden zorn.
    ûf den hof dort vür den palas reit
Gâwân gein der gesellekeit,
als in der künec sande,
20 der sich selben an im schande.
ein ritter, der in brâhte dar,
in vuorte, dâ saz wol gevar
Antikonîe diu künegin.
sol wîplîch êre sîn gewin,
25 des koufes hete si vil gephlegen
und alles valsches sich bewegen:
dâ mite ir kiusche prîs erwarp.
ouwê, daz sô vruo erstarp
von Veldeke der wîse man!
30 der kunde si baz gelobet hân.
405   dô Gâwân die maget ersach,
der bote gienc nâher unde sprach
al daz der künec werben hiez.
diu künegîn dô niht enliez,
5 si enspræche: 'herre, gêt nâher mir.
mîner zühte meister daz sît ir:
nû gebietet unde lêret.
wirt iu kurzwîle gemêret,
daz muoz an iuwerm gebote sîn.
10 sît daz iuch der bruoder mîn
mir bevolhen hât sô wol,
ich küsse iuch, ob ich küssen sol.
nû gebiet nâch iuwern mâzen
mîn tuon oder mîn lâzen.'
15 mit grôzer zuht si vor im stuont.

Gâwân spraeh: 'vrouwe, iuwer munt
ist sô küssenlîch getân,
ich sol iuwern kus mit gruoze hân.'
ir munt was heiz, dicke und rôt,
20 dar an Gâwân den sînen bôt:
dâ ergienc ein kus ungastlîch.
zuo der megede zühte rîch
saz der wol geborne gast.
süezer rede in niht gebrast
25 beidenthalp mit triuwen:
si kunden wol geniuwen,
er sîne bete, si ir versagen.
daz begunde er herzenlîche klagen:
ouch bat er si genâden vil.
30   diu maget sprach, als ich iu sagen wil:
406   'herre, sît ir anders kluoc,
sô mac es dunken iuch genuoc.
ich erbintez iu durch mîns bruoder bete,
daz ez Amflîse Gahmurete
5 mînem œheim nie baz erbôt,
âne bî ligen (mîn triuwe ein lôt
an dem orte vürbaz wæge,
der uns wegens ze rehte phlæge),
und enweiz doch, herre, wer ir sît,
10 doch ir an sô kurzer zît
welt mîne minne hân.'
dô sprach der werde Gâwân:
'mich lêret mîner künde sin,
ich sage iu, vrouwe, daz ich bin
15 mîner basen bruodersun.
welt ir mir genâde tuon,
daz enlât niht durch mînen art:
derst gein iuwerm sô bewart,
daz si beide al gelîche stênt
20 und in rehter mâze gênt.'
   ein maget begunde in schenken,
dar nâch schier von in wenken.
mêr vrouwen dennoch dâ sâzen,
die ouch des niht vergâzen,

25 si giengen und schuofen um ir phlege.
ouch was der ritter von dem wege,
der in dar brâhte.
Gâwân des gedâhte,
dô si alle von im kômen ûz,
30 daz dicke den grôzen strûz
407 væhet ein vil kranker ar.
er greif ir under den mantel dar.
ich wæne, er ruorte irz hüffelîn:
des wart gemêret sîn pîn.
5 von der liebe alsolhe nôt gewan
beidiu maget und ouch der man,
daz dâ nâch was ein dinc geschehen,
hetenz übel ougen niht ersehen:
des willen si beide wâren bereit.
10   nû seht, dô nâht ir herzeleit:
dô gienc zer tür în aldâ
ein ritter blanc, wande er was grâ.
in wâfenheiz er nande
Gâwânen, dô er in erkande.
15 dâ bî er dicke lûte schrei:
'ouwê unde heiâ hei
mîns herren, den ir sluoget!
daz iuch des niht genuoget,
ir ennôtzoget ouch sîn tohter hie!'
20 dem wâfenheiz man volget ie:
der selbe site aldâ geschach.
Gâwân zer juncvrouwen sprach:
'vrouwe, nû gebet iuwern rât:
unser enwederz niht vil wer hie hât.'
25 er sprach: 'wan hete ich doch mîn swert!'
dô sprach diu juncvrouwe wert:
'wir suln ze wer uns ziehen,
ûf jenen turn dort vliehen,
der bî mîner kemenâten stêt.
30 genædeclîche ez lîhte ergêt.'
408   hie der ritter, dort der koufman.
diu juncvrouwe erhôrte sân
den bovel komen ûz der stat.

mit Gâwân si gein dem turne trat,
5 ir vriunt muoste kummer lîden.
si bat siz dicke mîden:
ir kradem und ir dôz was sô,
daz ez ir deheiner marcte dô.
durch strît si drungen gein der tür.
10 Gâwân stuont ze wer dar vür,
ir în gên er bewarte:
einen rigel, der den turn besparte,
den zucte er ûz der mûre.
sîn arge nâchgebûre
15 entwichen im dicke mit ir schar.
diu künegîn lief her und dar,
ob ûf dem turne iht wære ze wer
gein disem ungetriuwen her.
dô vant diu maget reine
20 ein schâchzabelgesteine
und ein bret, wol erleget, wît:
daz brâhte si Gâwâne in den strît.
an einem îsenînen ringe ez hienc,
dâ mit ez Gâwân emphienc.
25 ûf disen vierecken schilt
was schâchzabels vil gespilt:
der wart im sêre zehouwen.
    nû hœrt ouch von der vrouwen:
ez wære künec oder roch,
30 daz warf si gein den vînden doch.
409 ez was grôz und swære:
man saget von ir diu mære,
swen dâ erreichte ir wurfes swanc,
der strûchte âne sînen danc.
5 diu küneginne rîche
streit dâ ritterlîche:
bî Gâwâne si werlîche schein,
daz diu koufwîp ze Tolnstein
an der vasnaht nie baz gestriten,
10 wan si tuontz von gampelsiten
und müent âne nôt ir lîp.
swâ harnasrâmec wirt ein wîp,

diu hât ir rehtes vergezzen,
sol man ir kiusche mezzen,
15 si entuoz denne durch ir triuwe.
Antikonîen riuwe
wart ze Schamfanzûn erzeiget
und ir hôher muot geneiget.
in strîte si sêre weinde:
20 wol si daz bescheinde,
daz vriuntlîch liebe ist stæte.
    waz Gâwân dô tæte?
swenne im diu muoze geschach,
daz er die maget rehte ersach,
25 ir munt, ir ougen und ir nasen.
baz geschicket an spizze hasen,
ich wæne, den gesâht ir nie,
denne si was dort und hie,
zwischen der hüffe und ir brust.
30 minne gernde gelust
410   kunde ir lîp vil wol gereizen.
ir engesâht nie âmeizen,
diu bezzers gelenkes phlac,
danne si was, dâ der gürtel lac.
5 daz gap ir gesellen
Gâwâne manlîch ellen.
si tûrte mit im in der nôt.
sîn benandez gîsel was der tôt
und anders dehein gedinge.
10 Gâwânen wac vil ringe
vînde haz, swenne er die maget erkôs:
dâ von ir vil den lîp verlôs.
    dô kom der künec Vergulaht.
der sach die strîteclîchen maht
15 gein Gâwâne kriegen.
ich enwolde iuch denne triegen,
sô enmac ich in niht beschœnen,
er enwelle sich selben hœnen
an sînem werden gaste.
20 der stuont ze wer al vaste.
dô tet der wirt selbe schîn,

daz mich riuwet Gandîn,
der künec von Anschouwe,
daz ein sô werdiu vrouwe,
25 sîn tohter, ie den sun gebar,
der mit ungetriuwer schar
sîn volc bat sêre strîten.
Gâwân muoste bîten,
unz der künec gewâpent wart:
30 er huop sich selbe an strîtes vart.
411 Gâwân dô muoste entwîchen,
doch unlasterlîchen:
under sturnes tür er wart getân.
nû seht, dô kom der selbe man,
5 der in kamphlîche ane ê sprach:
vor Artûse daz geschach.
der lantgrâve Kingrimursel
gram durch swarten und durch vel,
durch Gâwâns nôt sîn hende er want,
10 wan des was sîn triuwe phant,
daz er dâ solde haben vride,
ez enwære, daz eines mannes lide
in in kamphe twungen.
die alden und die jungen
15 treip er von dem turne wider:
den hiez der künec brechen nider.
Kingrimursel dô sprach
hin ûf, dâ er Gâwânen sach:
'helt, gip mir vride ze dir dar în.
20 ich wil geselleclîchen pîn
mit dir hân in dirre nôt.
mich muoz der künec slahen tôt
oder ich behalde dir dîn leben.'
Gâwân den vride begunde geben:
25 der lantgrâve spranc zuo zim dar.
des zwîvelte diu ûzer schar:
er was ouch burcgrâve aldâ.
si wæren junc oder grâ,
die blûcten an ir strîte.
30 Gâwân spranc an die wîte,

412   als tet ouch Kingrimursel:
gein ellen si beide wâren snel.
  der künec mande die sîne:
'wie lange sul wir pîne
5 von disen zwein mannen phlegen?
mîns vetern sun hât sich bewegen,
er wil ernern disen man,
der mir den schaden hât getân,
den er billîcher ræche,
10 ob im ellens niht gebræche.'
genuoge, dens ir triuwe jach,
kurn einen, der zem künege sprach:
'herre, müeze wirz iu sagen,
der lantgrâve ist unerslagen
15 hie von maneger hende.
got iuch an site wende,
die man iu vervâhe baz.
werltlîch prîs iu sînen haz
teilt, erslahet ir iuwern gast:
20 ir ladet ûf iuch der schanden last.
sôst der ander iuwer mâc,
in des geleite ir disen bâc
hebet. daz sult ir lâzen:
ir sît dâ von verwâzen.
25 nû gebet uns einen vride her,
die wîle daz dirre tac gewer:
der vride sî ouch dise naht.
wes ir iuch drum habet bedâht,
daz stêt dannoch ziuwer hant,
30 ir sît geprîset oder geschant.

413   mîn vrouwe Antikonîe,
vor valscheit diu vrîe,
dort al weinde bî im stêt.
ob iu daz niht ze herzen gêt,
5 sît iuch beide ein muoter truoc,
sô gedenket, herre, ob ir sît kluoc,
ir sandet in der megede her:
wære niemen sîns geleites wer,
er solde iedoch durch si genesen.'

10 der künec liez einen vride wesen,
unz er sich baz bespræche,
wie er sînen vater ræche.
unschuldec was her Gâwân:
ez hete ein ander man getân,
15 wande der stolze Ehkunat
eine lanzen durch in lêrte phat.
dô er Jofreiden fîz Îdôl
vuorte gegen Barbigôl,
den er bî Gâwâne vienc,
20 durch den disiu nôt ergienc.
dô der vride wart getân,
daz volc huop sich von strîte sân,
mennegelîch zen herbergen sîn.
Antikonîe diu künegîn
25 ir vetern sun vaste ummevienc:
manec kus an sînen munt ergienc,
daz er Gâwânen hete ernert
und sich selben untât erwert.
si sprach: 'dû bist mins vetern sun:
30 dû kundes durch niemen missetuon.'

414   welt ir hœren, ich tuon iu kunt,
wâ von ê sprach mîn munt,
daz lûter gemüete trüebe wart.
gunêrt sî diu strîtes vart,
5 die ze Schamfanzûn tet Vergulaht,
wan daz was im niht geslaht
von vater noch von muoter.
der junge man vil guoter
von schame leit vil grôzen pîn.
10 dô sîn swester, diu künegîn,
in begunde vêhen,
man hôrte in sêre vlêhen.
dô sprach diu juncvrouwe wert:
'her Vergulaht, trüege ichz swert
15 und wære von gotes gebote ein man,
daz ich schiltes ammet solde hân,
iuwer strîten wære hie gar verdaget.
dô was ich âne wer ein maget,

wan daz ich truoc doch einen schilt,
20 ûf den ist werdekeit gezilt.
des wâpen sol ich nennen,
ob ir ruochet diu bekennen:
guot gebærde und kiuscher site.
den zweien wont vil stæte mite.
25 den bôt ich vür den ritter mîn,
den ir mir sandet dâ her în:
anders schermes hete ich niht.
swâ man iuch nû bî wandel siht,
ir habet doch an mir missetân,
30 ob wîplîch prîs sîn reht sol hân:
415   ich hôrte ie sagen, swâz sô gezôch,
daz man gein wîbes scherme vlôch,
dâ solde ellenthaftez jagen
an sînem strîte gar verzagen,
5 ob dâ wære manlîchiu zuht.
her Vergulaht, iuwers gastes vluht,
die er gein mir tet vür den tôt,
lêrt iuwern prîs noch lasters nôt.'
    Kingrimursel dô sprach:
10 'herre, ûf iuwern trôst geschach,
daz ich hern Gâwâne
ûf dem Plimizôles plâne
gap vride her in iuwer lant.
iuwer sicherheit was phant,
15 ob in sîn ellen trüege her,
daz ich des vür iuch würde wer,
in bestüende hie niht wan einec man.
herre, dâ bin ich bekrenket an.
hie sehen mîne genôze zuo:
20 diz laster ist uns gar ze vruo.
kunnet ir niht vürsten schônen,
wir krenken ouch die krônen.
sol man iuch bî zühten sehen,
sô muoz des iuwer zuht verjehen,
25 daz sippe reicht ab iu an mich.
wære daz ein kebeslîcher slich
mînhalp, swâ uns diu wirt gezilt,

ir hetet iuch gâhes an mir bevilt,
wande ich bin ein ritter doch,
30 an dem nie valsch wart vunden noch.
416 ouch sol mîn prîs erwerben,
daz ichs âne müeze ersterben:
des ich vil wol getrûwe gote.
des sî mîn sælde gein im bote.
5 ouch swâ diz mære wirt vernomen,
Artûs swestersun sî komen
in mînem geleite ûf Schamfanzûn,
Franzois oder Bertûn,
Provenzâl oder Burgunjois,
10 Galizjâne und die von Punturtois,
erhœrent die Gâwânes nôt,
hân ich prîs, derst denne tôt.
mir vrumt sîn angestlîcher strît
vil engez lop. mîn laster wît
15 daz sol mir vreude swenden
und mich ûf êren phenden.'
dô disiu rede was getân,
dô stuont dâ einer küneges man,
der was geheizen Lidamus.
20 Kîôt in selbe nennet sus.
Kîôt laschantiure hiez,
den sîn kunst des niht erliez,
er ensünge und spræche sô,
des noch genuoge werdent vrô.
25 Kîôt ist ein Provenzâl,
der dise âventiur von Parzivâl
heidensch geschriben sach.
swaz er en franzois dâ von gesprach,
bin ich niht der witze laz,
30 daz sage ich tiuschen vürbaz.
417 dô sprach der vürste Lidamûs:
'waz solde der in mîns herren hûs,
der im sînen vater sluoc
undz laster im sô nâhe truoc?
5 ist mîn herre wert bekant,
daz richet alhie sîn selbes hant:

sô gelte ein tôt den andern tôt.
ich wæne, gelîche sîn die nôt.’
nû seht ir, wie Gâwân dô stuont:
10 alrêst was im grôz angest kunt.
    dô sprach Kingrimursel:
‘swer mit der drô wære sô snel,
der solde ouch gâhen in den strît.
ir habet gedrenge oder wît,
15 man mac sich iuwer lîhte erwern.
her Lidamus, vil wol ernern
trûwe ich vor iu disen man:
swaz iu der hête getân,
ir liezetz ungerochen.
20 ir habet iuch gar versprochen.
man sol iu wol gelouben,
daz iuch nie mannes ougen
gesâhen ze vorderst, dâ man streit:
iu was ie strîten wol sô leit,
25 daz ir der vluht begundet.
dennoch ir mêr wol kundet:
swâ man ie gein strîte dranc,
dâ tætet ir wîbes widerwanc.
swelh künec sich lât an iuwern rât,
30 vil twerhes dem diu krône stât.
418   dâ wære von mînen handen
in kreize bestanden
Gâwân der ellenthafte degen:
des hete ich mich gein im bewegen,
5 daz der kamph wære alhie getân,
woldes mîn herre gestatet hân.
der treget mit sünden mînen haz,
ich trûwete im ander dinge baz.
her Gâwân, lobet mir her vür wâr,
10 daz ir von hiute über ein jâr
mir ze gegenrede stêt
in kamphe, ob ez sô hie ergêt,
daz iu mîn herre læt daz leben:
dâ wirt iu kamph von mir gegeben.
15 ich sprach iuch ane zem Plimizôl:

nû sî der kamph ze Barbigôl
vor dem künege Meljanze.
der sorgen zeinem kranze
trage ich unz ûf daz tegedinc,
20 daz ich gein iu kume in den rinc:
dâ sol mir sorge tuon bekant
iuwer manlîchiu hant.’
    Gâwân der ellens rîche
bôt gezogenlîche
25 nâch dirre bete sicherheit.
dô was mit rede aldâ bereit
der herzoge Lidamus,
begunde ouch sîner rede alsus
mit spæhelîchen worten.
30 aldâ siz alle hôrten,
419 er sprach, wande im was sprechens zît:
‘swâ ich kume zuo dem strît,
hân ich dâ vehtens phlihte
oder vluht mit ungeschihte,
5 [bin ich verzagetlîche ein zage
oder ob ich prîs aldâ bejage,]
her lantgrâve, des danket ir,
als irz geprüeven kunnet an mir.
emphâhe ichs nimmer iuwern solt,
10 ich bin iedoch mir selben holt.’
sus sprach der rîche Lidamus:
‘welt irz sîn her Turnus,
sô lât mich sîn her Tranzes
und strâft mich, ob ir wizzet wes,
15 und enhebet iuch niht ze grôze.
ob ir vürsten mîner genôze
der edelste und der rîchste birt,
ich bin ouch landes herre und landes wirt.
ich hân in Galîzjâ
20 beidiu her unde dâ
manege burc rehte unz an Vedrûn.
swaz ir und ieslîch Bertûn
mir dâ ze schaden meget getuon,
ich engevlœhe nimmer vor iu huon.

25 her ist von Bertâne komen,
   gein dem ir kamph hât genomen:
   nû rechet herren und den mâc.
   mich sol vermîden iuwer bâc.
   iuwern vetern (ir wârt sîn man),
30 swer dem sîn leben ane gewan,
420   dâ rechetz. ich entet im niht:
   ich wæne, mirs ouch iemen giht.
   iuwern vetern sol ich wol verklagen.
   sîn sun die krône nâch im sol tragen:
 5 derst mir ze herren hôch genuoc.
   diu künegîn Flûrdâmûrs in truoc:
   sîn vater was Kingrisîn,
   sîn ane der künec Gandîn.
   ich wil iuch baz bescheiden des,
10 Gahmuret und Gâlôes
   sîne œheime wâren.
   ich enwolde sîn gerne vâren,
   ich möhte mit êren von sîner hant
   mit vanen emphâhen mîn lant.
15 swer vehten welle, der tuo daz.
   bin ich gein dem strîte laz,
   ich vreische iedoch diu mære wol.
   swer prîs in dem strîte hol,
   des danken im diu stolzen wîp.
20 ich wil durch niemen mînen lîp
   verleiten in ze scharphen pîn.
   waz Wolfhartes solde ich sîn?
   mirst in den strît der wec vergrabet,
   gein vehtene diu gir verhabet.
25 würdet ir mirs nimmer holt,
   ich tæte ê als Rûmolt,
   der dem künec Gunther riet,
   dô er von Wormze gein den Hiunen schiet:
   er bat in lange sniten bæn
30 und in sînem kezzel umme dræn.'
421   der lantgrâve ellens rîche
   sprach: 'ir redet dem gelîche,
   als maneger weiz an iu vür wâr

iuwer zît und iuwer jâr.
5 ir râtet mir, dar ich wolde iedoch,
und sprechet, ir tætet, als riet ein koch
den küenen Nibelungen,
die sich unbetwungen
ûz huoben, dâ man an in rach,
10 daz Sîvride dâ vor geschach.
mich muoz her Gâwân slahen tôt
oder ich gelêre in râche nôt.'
'des volge ich,' sprach Lidamus,
'wan swaz sîn œheim Artus
15 hât und die von Indîâ,
der mirz hie gæbe, als siz hânt dâ,
der mirz ledeclîche bræhte,
ich liezez, ê daz ich væhte.
nû behaldet prîs, des man iu giht.
20 Segremors enbin ich niht,
den man durch vehten binden muoz:
ich erwirbe sus wol küneges gruoz.
Sibeche nie swert erzôch,
er was ie bî den, dâ man vlôch:
25 doch muoste man in vlêhen.
grôze gebe und starkiu lêhen
emphienc er von Ermenrîche genuoc:
nie swert er doch durch helm gesluoc.
mir wirt verschertet nimmer vel
30 durch iuch, her Kingrimursel:
422   des hân ich mich gein iu bedâht.'
     dô sprach der künec Vergulaht:
'swîget iuwer wehselmære.
ez ist mir von iu beiden swære,
5 daz ir der worte sît sô vrî:
ich bin iu alze nâhen bî
ze sus getânem gebrehte.
ez stêt mir noch iu niht rehte.'
diz was ûf dem palas,
10 aldâ sîn swester komen was.
bî ir stuont her Gâwân
und manec ander werder man.

der künec sprach zer swester sîn:
'nû nim den gesellen dîn
15 und ouch den lantgrâven ze dir
(die mir guotes günnen, die gên mit mir)
und rât mirz wægest, waz ich tuo.'
si sprach: 'dâ lege dîn triuwe zuo.'
nû gêt der künec an sînen rât.
20 diu künegîn genomen hât
ir vetern sun und ir gast:
daz dritte was der sorgen last.
âne alle missewende
nam si Gâwânen mit ir hende
25 und vuorte in, dâ si wolde wesen.
si sprach zim: 'wært ir niht genesen,
des heten schaden elliu lant.'
an der küneginne hant
gienc des werden Lôtes sun:
30 er mohtez ouch dô vil gerne tuon.
423   in die kemenâten sân
gienc diu künegîn und die zwêne man.
vor den andern beleip si lære
(des phlâgen kamerære):
5 wan klâriu juncvrouwelîn,
der muoste vil dort inne sîn.
diu künegîn mit zühten phlac
Gâwâns, der ir ze herzen lac.
dâ was der lantgrâve mite:
10 der schiet si ninder von dem site,
doch sorcte vil diu werde maget
um Gâwâns lîp, wart mir gesaget.
sus wâren die zwêne dâ inne
bî der küneginne,
15 unz daz der tac liez sînen strît.
diu naht kom. dô was ezzens zît:
môraz, wîn, lûtertranc
brâhten juncvrouwen dâ mitten kranc
und ander guote spîse,
20 vasâne, pardrîse,
guote vische und blankiu wastel.

Gâwân und Kingrimursel
wâren komen ûz grôzer nôt.
sît ez diu künegîn gebôt,
25 si âzen, als si solden,
und ander, dies iht wolden.
Antikonîe in selbe sneit:
daz was durch zuht in beiden leit.
swaz man dâ kniender schenken sach,
30 ir deheinem diu hosennestel brach:

424 ez wâren megede als von der zît,
den man diu besten jâr noch gît.
ich bin des unerværet,
heten si geschæret
5 als ein valke sîn gevider:
dâ rede ich niht wider.
    nû hœrt, wie sich der rât geschiet,
waz man des landes künege riet.
die wîsen hete er zim genomen:
10 an sînen rât die wâren komen,
etslîcher sînen willen sprach,
als im sîn bester sin verjach.
dô mâzen siz an manege stat:
der künec sîn rede ouch hœren bat.
15 er sprach: 'ez wart mit mir gestriten.
ich kom durch âventiur geriten
inz fôreist Læhtamrîs.
ein ritter alze hôhen prîs
in dirre wochen an mir sach,
20 wande er mich vlügelingen stach
hinderz ors al sunder twâl.
er twanc mich des, daz ich den grâl
gelobete im zerwerben.
solde ich nû drum ersterben,
25 sô muoz ich leisten sicherheit,
die sîn hant an mir erstreit.
dâ râtet umme: des ist nôt.
mîn bester schilt was vür den tôt,
daz ich dar um bôt mîne hant,
30 als iu mit rede ist hie bekant:

425   erst manheit und ellens hêr.
der helt gebôt mir dennoch mêr,
daz ich âne arge liste
inner jâres vriste,
5 ob ich des grâles erwürbe niht,
daz ich ir kœme, der man giht
der krône ze Pelrapeire
(ir vater hiez Tampenteire),
swenne si mîn ouge an sæhe,
10 daz ich sicherheit ir jæhe.
er enbôt ir, ob si dæhte an in,
daz wære an vreuden sîn gewin
und er wærez, der si lôste ê
von dem künege Klâmidê.'
15   dô si die rede erhôrten sus,
dô sprach aber Lidamus:
'mit dirre herren urloube ich nuo
spriche: ouch râten si dar zuo.
swes iuch dort twanc der eine man,
20 des sî hie phant her Gâwân:
der vederslaget ûf iuwern kloben.
bitet in iu vor uns allen loben,
daz er iu den grâl gewinne.
lât in mit guoter minne
25 von iu hinnen rîten
und nâch dem grâle strîten.
die schame wir alle müesten klagen,
würde er in iuwerm hûs erslagen.
nû vergebet im sîne schulde
30 durch iuwer swester hulde.
426   er hât hie erliten grôze nôt
und er muoz nû kêren in den tôt.
swaz erden hât umslagenz mer,
dâ engelac nie hûs sô wol ze wer
5 als Munsalvæsche: swâ diu stêt,
von strîte rûher wec dar gêt.
bî sînem gemach in hînte lât:
morgen sage man im den rât.'
des volcten al die râtgeben.

10   sus behielt her Gâwân dâ sîn leben.
      man phlac des heldes unverzaget
      des nahtes aldâ, wart mir gesaget,
      daz harte guot was sîn gemach.
      dô man den mitten morgen sach
15   und dô man messe gesanc,
      ûf dem palase was grôz gedranc
      von bovel und von werder diet.
      der künec tet, als man im riet:
      er hiez Gâwânen bringen.
20   den wolde er nihtes twingen,
      wan als ir selbe hât gehôrt.
      nû seht, wâ in brâhte dort
      Antikonîe diu wol gevar:
      ir vetern sun kom mit ir dar
25   und ander genuoge küneges man.
      diu künegîn vuorte Gâwân
      vür den künec an ir hende.
      ein schapel was ir gebende.
      ir munt den bluomen nam ir prîs:
30   ûf dem schapel deheinen wîs

427   stuont ninder deheiniu alsô rôt.
      swem si güetlîche ir küssen bôt,
      des muoste swenden sich der walt
      mit maneger tjost ungezalt.
5   mit lobe wir solden grüezen
      die kiuschen und die süezen
      vroun Antikonîen,
      vor valscheit die vrîen,
      wan si lebete in solhen siten,
10   daz ninder was underriten
      ir prîs mit valschen worten.
      alle, die ir prîs gehôrten,
      ieslîch munt ir wunschte dô,
      daz ir prîs bestüende alsô
15   bewart vor valscher trüeben jehe.
      lûter virrec als ein valkensehe
      was balsemmæzec stæte an ir.
      daz riet ir werdeclîchiu gir.

  diu süeze sælden rîche
20 sprach gezogenlîche:
‘bruoder, hie bringe ich den degen,
des dû mich selbe hieze phlegen.
nû lâz in mîn geniezen.
des ensol dich niht verdriezen:
25 denke an bruoderlîche triuwe
und tuo daz âne riuwe.
dir stêt manlîchiu triuwe baz,
danne daz dû dols der werlde haz
und mînen, kunde ich hazzen:
30 den lêre mich gein dir mâzen.’
428 dô sprach der werde süeze man:
‘daz tuon ich, swester, ob ich kan:
dar zuo gip selbe dînen rât.
dich dunket, daz mir missetât
5 werdekeit habe underswungen,
von prîse mich gedrungen:
waz töhte ich denne ze bruoder dir?
wan dienden alle krône mir,
der stüende ich abe durch dîn gebot:
10 dîn hazzen wære mîn hœstiu nôt.
mirst unmære vreude und êre,
niht wan nâch dîner lêre.
her Gâwân, ich wil iuch des biten:
ir kœmt durch prîs dâ her geriten,
15 nû tuotz durch prîses hulde,
helft mir, daz mîne schulde
mîn swester ûf mich verkiese.
ê daz ich si verliese,
ich verkiuse ûf iuch mîn herzeleit,
20 welt ir mir geben sicherheit,
daz ir mir werbet sunder twâl
mit guoten triuwen um den grâl.’
  dâ wart diu suone gendet
und Gâwân gesendet
25 an dem selben mâle
durch strîten nâch dem grâle.
Kingrimursel ouch verkôs

ûf den künec, der in dâ vor verlôs,
daz er im sîn geleite brach.
30 vor al den vürsten daz geschach,
429 dâ ir swert wâren gehangen.
diu wâren in undergangen,
Gâwâns knappen, an sstrîtes stunt,
daz ir deheiner was worden wunt:
5 ein gewaldec man von der stat
in vrides vor den andern bat.
der vienc si und legete si in prisûn.
ez wære Franzeis oder Bertûn,
starke knappen und kleiniu kint,
10 von swelhen landen si komen sint,
die brâhte man dô ledeclîchen
Gâwâne dem ellens rîchen.
dô in diu kint ersâhen,
dâ wart grôz ummevâhen.
15 ieslîchez sich weinde an in hienc:
daz weinen iedoch von liebe ergienc.
    von Kurnewâls mit im dâ was
cons Lâîz fîz Tînas.
ein edel kint wonte im ouch bî,
20 duc Gandilûz fîz Gurzgrî,
der durch Schoydelakurt den lîp verlôs,
dâ manec vrouwe ir jâmer kôs.
Lîâze was des kindes base.
sîn munt, sîn ougen und sîn nase
25 was rehte der minne kerne:
al diu werlt sach in gerne.
dar zuo sehs ander kindelîn.
dise ehte juncherren sîn
wâren gebürte des bewart,
30 elliu von edeler hôhen art,
430 si wâren im durch sippe holt
und dienden im ûf sînen solt.
werdekeit gap er ze lône
und phlac ir anders schône.
5 Gâwân sprach zen kindelîn:
'wol iu, süezen mâge mîn!

mich dunket des, ir woldet mich klagen,
ob ich wære alhie erslagen.’
man mohte in klage trûwen wol:
10 si wâren halt sus in jâmers dol.
er sprach: ‘mir was um iuch vil leit.
wâ wâret ir, dô man mit mir streit?’
si sagetenz im, ir keiner louc:
‘ein mûzersprinzelîn entvlouc
15 uns, dô ir bî der künegin
sâzet: dâ liefe wir elliu hin,
die dâ stuonden unde sâzen.’
    die merkens niht vergâzen,
die pruovten, daz her Gâwân
20 wære ein manlîch hövesch man.
urloubes er dô gerte,
des in der künec gewerte
und daz volc al gemeine,
wan der lantgrâve al eine.
25 die zwêne nam diu künegîn
und Gâwâns juncherrelîn:
si vuorte si, dâ ir phlâgen
juncvrouwen âne bâgen.
dô nam ir wol mit zühten war
30 manec juncvrouwe wol gevar.

431   dô Gâwân enbizzen was
(ich sage iu, als Kîôt las),
durch herzenlîche triuwe
huop sich dâ grôziu riuwe.
5   er sprach zer küneginne:
‘vrouwe, hân ich sinne
und sol mir got den lîp bewarn,
sô muoz ich dienestlîchez varn
und ritterlîch gemüete
10 iuwer wîplîchen güete
ze dieneste immer kêren,
wande iuch kan sælde lêren,
daz ir habet valsche ane gesiget.
iuwer prîs vür alle prîse wiget:
15 gelücke iuch müeze sælden wern.

vrouwe, ich wil urloubes gern:
den gebet mir und lât mich varn.
iuwer zuht müeze iuwern prîs bewarn.
ir was sîn dan scheiden leit:
20 dô weinden durch gesellekeit
mit ir manec juncvrouwe klâr.
diu künegîn sprach âne allen vâr:
'hetet ir mîn genozzen mêr,
mîn vreude wære gein sorgen hêr:
25 nû mohte iuwer vride niht bezzer sîn.
des geloupt aber, swenne ir lîdet pîn,
ob iuch vertreget ritterschaft
in riuwebæren kummers kraft,
sô wizzet, mîn her Gâwân,
30 des sol mîn herze phlihte hân

432   ze vlüste oder ze gewinne.'
diu edel küneginne
kuste den Gâwânes munt.
der wart an vreuden ungesunt,
5 daz er sô gâhes von ir reit.
ich wæne, ez was in beiden leit.
   sîne knappen heten sich bedâht,
daz sîniu ors wâren brâht
ûf den hof vür den palas,
10 aldâ der linden schate was.
ouch wâren dem lantgrâven komen
sîne gesellen (sus hân ichz vernomen):
der reit mit im ûz vür die stat.
Gâwân in zühteclîchen bat,
15 daz er sich arbeite
und sîn gezoc im leite
ze Bêârosche. 'dâst Scherules:
den suln si selbe biten des,
geleites ze Dîanazdrûn.
20 dâ wonet etslîch Bertûn,
der si bringet an den herren mîn
oder an Ginovêren die künegîn.'
daz lobete im Kingrimursel.
urloup nam der degen snel:

25 Gringuljete wart gewâpent sân,
daz ors, und mîn her. Gâwân.
er kuste sîne mâge, diu kindelîn,
und ouch die werden knappen sîn.
nâch dem grâle im sicherheit gebôt:
30 er reit al eine gein wunders nôt.

IX.

433   ʽTuot ûf.ʼ ʽwem? wer sît ir?ʼ
ʽich wil inz herze dîn ze dir.ʼ
ʽsô gert ir zengem rûme.ʼ
ʽwaz denne? belîbe ich kûme,
5 mîn dringen soltû selten klagen:
ich wil dir nû von wunder sagen.ʼ
ʽjâ sît irz, vrou Âventiure?
wie vert der gehiure?
ich meine den werden Parzivâl.
10 den Kundrîe nâch dem grâl
mit unsüezen worten jagete,
dâ manec vrouwe klagete,
daz niht wendec wart sîn reise,
von Artûse dem Berteneise
15 huop er sich dô: wie vert er nuo?
den selben mæren grîfet zuo,
ob er an vreuden sî verzaget,
oder hât er hôhen prîs bejaget?
oder ob sîn ganziu werdekeit
20 sî beidiu lanc unde breit,
oder ist si kurz oder smal?
nû prüevet uns die selben zal,
waz von sînen henden sî geschehen.
hât er Munsalvæsche sît gesehen
25 und den süezen Amfortas?
des herze dô vil siufzec was,
durch iuwer güete gebet uns trôst,
ob der von jâmer sî erlôst.
lât hœren uns diu mære,
30 ob Parzivâl dâ wære,

434
    beidiu iuwer herre und ouch der mîn.
    nû erliuhtet mir die vuore sîn,
    der süezen Herzeloiden barn:
    wie hât Gahmuretes sun gevarn,
5 sît er von Artûse reit?
    ob er liep oder herzeleit
    sît habe bezalt an strîte.
    habet er sich an die wîte
    oder hât er sider sich verlegen?
10 saget mir sîn site und al sîn phlegen.'

    Nû tuot uns diu âventiure bekant,
    er habe erstrichen manec lant
    zorse und in schiffen ûf dem wâc,
    ez wære lantman oder mâc,
15 der tjoste poinder gein im maz,
    daz der deheiner nie gesaz.
    sus kan sîn wâge seigen,
    sîn selbes prîs ûf steigen
    und die andern lêren sîgen.
20 in manegen herten wîgen
    hât er sich schumfentiure erwert,
    den lîp gein strît alsô gezert,
    swer prîs zim wolde borgen,
    der müestez tuon mit sorgen.
25 sîn swert, daz im Amfortas
    gap, dô er bî dem grâle was,
    brast sît, dô er bestanden wart:
    dô machtez ganz des brunnen art
    bî Karnant, der dâ heizet Lac.
30 daz swert gehalf im prîses bejac:

435
    swerz niht geloupt, der sündet.
      diu âventiure uns kündet,
    daz Parzivâl der degen balt
    kom geriten ûf einen walt,
5 ich enweiz ze welhen stunden,
    aldâ sîn ougen vunden
    eine klôsen niuwes bûwes stên,
    dâ durch einen snellen brunnen gên:

einhalp si drüber was geworht.
10 der junge degen unervorht
reit durch âventiur ze versuochen.
sîn wolde got dô ruochen:
er vant eine klôsenærinne,
diu durch die gotes minne
15 ir magetuom und ir vreude gap.
wîplîcher sorgen urhap
ûz ir herzen blüete alniuwe
und doch durch alde triuwe.
Schîanatulander
20 und Sigûnen dâ vander:
der helt lac dinne begraben tôt,
ir leben leit ûf dem sarke nôt.
   Sigûne doschesse
hôrte selten messe:
25 ir leben was doch ein venje gar.
ir dicker munt heiz rôt gevar
was dô erblichen unde bleich.
sît werltlîch vreude ir gar gesweich,
ez erleit nie maget sô hôhen pîn:
30 durch klage si muoz al eine sîn.

436   durch minne, diu an im erstarp,
daz si der vürste niht erwarp,
si minnete sînen tôten lîp.
ob si worden wære sîn wîp,
5 dâ hete sich vrou Lûnete
gesûmet an sô gæher bete,
als si riet ir selber vrouwen:
man mac doch dicke schouwen
vroun Lûneten rîten zuo
10 etslîchem râte gar ze vruo.
swelh wîp nû durch geselleschaft
unde durch ir zühte kraft
phlihte verbirt an vremder minne,
als ich michs versinne,
15 læt siz bî ir mannes leben,
dem wart an ir der wunsch gegeben.
dehein beiten stêt ir alsô wol:

daz erziuge ich, ob ich sol.
dar nâch tuo, als siz lêre:
20 behelt si dennoch êre,
si entreget deheinen sô liehten kranz,
gêt si durch vreude an den tanz.
wes mizze ich vreude gein der nôt,
als Sigûnen ir triuwe gebôt?
25 daz möhte ich gerne lâzen.
    über ronen âne strâzen
Parzivâl vürz venster reit
alze nâhe: daz was im leit.
dô wolde er vrâgen um den walt

30 oder war sîn reise wære gezalt.
437 er vrâcte der gegenrede aldâ:
'ist iemen dinne?' si sprach: 'jâ.'
dô er hôrte, daz ez vrouwen stimme was,
her dan ûf ungetretet gras
5 warf erz ors vil drâte.
ez dûhte in alze spâte,
daz er niht was erbeizet ê.
diu selbe schame tet im wê.
er bant daz ors vil vaste
10 zeins gevallen ronen aste,
sînen dürkeln schilt hienc er ouch dran.
dô der kiusche vrevel man
durch zuht sîn swert von im gebant,
er gienc vürz venster zuo der want:
15 dâ wolde er vrâgen mære.
diu klôse was vreuden lære,
dar zuo aller schimphe blôz:
er vant dâ niht wan jâmer grôz.
er gerte ir anz venster dar.
20 diu juncvrouwe bleich gevar
mit zuht ûf von ir venje stuont.
dennoch was im harte unkunt,
wer si wære oder möhte sîn.
si truoc ein hemde hærîn
25 under grâwem rocke zenæst ir hût.
grôz jâmer was ir sundertrût:

der hete ir hôhen muot geleget,
von dem herzen siufzens vil erweget.
mit zuht diu maget zem venster gienc,
30 mit süezen worten si in emphienc.
438 si truoc einen salter in der hant:
Parzivâl der wîgant
ein kleinez vingerlîn dâ kôs,
daz si durch arbeit nie verlôs,
5 si enbehieldez durch rehter minne rât.
daz steinlîn was ein grânât,
des blic gap ûz der vinster schîn
als ein ander gensterlîn.
senlîch was ir gebende.
10 'dâ ûzen bî der wende,'
sprach si, 'herre, dâ stêt ein banc:
ruocht sitzen, lêrez iuch iuwer gedanc
und ander unmuoze.
daz ich her ziuwerm gruoze
15 bin komen, daz vergelde iu got:
der gilt getriulîchen urbot.'
der helt ir râtes niht vergaz,
vür daz venster er dô saz:
er bat ouch dinne sitzen sie.
20 si sprach: 'nû hân ich selten hie
gesezzen bî deheinem man.'
der helt si vrâgen began
um ir site und um ir phlege:
'daz ir sô verre von dem wege
25 sitzet in dirre wilde,
ich hânz vür unbilde,
vrouwe, wes ir iuch begêt,
sît hie niht bûwes um iuch stêt.'
si sprach: 'dâ kumt mir von dem grâl
30 mîn spîse dâ her al sunder twâl.
439 Kundrîe la surziere
mir dannen bringet schiere
alle samztage naht
mîn spîse (des hât si sich bedâht),
5 die ich ganze wochen haben sol.'

si sprach: 'wære mir anders wol,
ich sorcte wênec um die nar:
der bin ich bereitet gar.'
dô wânde Parzivâl, si lüge
10 und daz si in anders gerne trüge.
er sprach in schimphe zir dar în:
'durch wen traget ir daz vingerlîn?
ich hôrte ie sagen mære,
klôsenærinne und klôsenære
15 die solden mîden âmûrschaft.'
si sprach: 'hete iuwer rede kraft,
ir woldet mich velschen gerne.
swenne ich nû valsch gelerne,
sô hebet mir in ûf, sît ir dâ bî.
20 ruochts got, ich bin vor valsche vrî:
ich enkan deheinen widersaz.'
si sprach: 'disen mehelschaz
trage ich durch einen lieben man,
des minne ich nie an mich gewan
25 mit menneschlîcher tæte:
magetuomlîches herzen ræte
mir gein im râtent minne.'
si sprach: 'den hân ich hinne.
des kleinœte ich sider truoc,
30 sît Orilus tjost in sluoc,
140 mîner jæmerlîchen zîte jâr
wil ich im minne geben vür wâr.
der rehten minne ich bin sîn wer,
wande er mit schilte und ouch mit sper
5 dâ nâch mit ritters handen warp,
unz er in mînem dienste erstarp.
magetuom ich ledeclîche hân:
er ist iedoch vor gote mîn man.
ob gedanke würken suln diu werc,
10 sô trage ich ninder den geberc,
der underswinge mir mîn ê.
mînem leben tet sîn sterben wê.
der rehten ê diz vingerlîn
vür got sol mîn geleite sîn.

15 daz ist ob mîner triuwe ein slôz,
von dem herzen mîner ougen vlôz.
ich bin hinne selbander:
Schîanatulander
ist daz eine, daz ander ich.'
20   Parzivâl verstuont dô sich,
daz ez Sigûne wære:
ir kummer was im swære.
den helt dô wênec des verdrôz,
von dem hersenier daz houbet blôz
25 er machte, ê daz er gein ir sprach.
diu juncvrouwe an im ersach
durch îsers râm vil liehtez vel:
dô erkande si den degen snel.
si sprach: 'ir sîtz her Parzivâl.
30 saget an, wie stêtz iu um den grâl?

441 habet ir geprüevet noch sînen art
oder wiest bewendet iuwer vart?'
er sprach zer megede wol geborn:
'dâ hân ich vreude vil verlorn.
5 der grâl mir sorgen gît genuoc.
ich liez ein lant, dâ ich krône truoc,
dar zuo daz minneclîchste wîp:
ûf erde nie sô schœner lîp
wart geborn von menneschlîcher vruht.
10 ich sene mich nâch ir kiuschen zuht,
nâch ir minne ich trûre vil
und mêr nâch dem hôhen zil,
wie ich Munsalvæsche mege gesehen
und den grâl: daz ist noch ungeschehen.
15 niftel Sigûne, dû tuos gewalt,
sît dû mînen kummer manecvalt
erkennes, daz dû vêhes mich.'
diu maget sprach: 'al mîn gerich
sol ûf dich, neve, sîn verkorn.
20 dû hâs doch vreuden vil verlorn,
sît dû lieze dich betrâgen
um daz werdeclîche vrâgen
und dô der süeze Amfortas

dîn wirt und dîn gelücke was.

25 dâ hete dir vrâgen wunsch bejaget:
    nû muoz dîn vreude sîn verzaget
    und al dîn hôher muot erlemt.
    dîn herze sorge hât gezemt,
    diu dir vil wilde wære,
30 hetes gevrâget dû der mære.'

442   'ich warp als der den schaden hât'
    sprach er. 'liebiu niftel, gip mir rât.
    gedenke rehter sippe an mir
    und sage mir ouch, wie stêt ez dir?
5 ich solde trûren um dîne klage,
    wan daz ich hœhern kummer trage,
    denne ie man getrüege.
    mîn nôt ist zungevüege.'
    si sprach: 'nû helfe dir des hant,
10 dem aller kummer ist bekant,
    ob dir sô wol gelinge,
    daz dich ein slâ dar bringe,
    aldâ dû Munsalvæsche sihs.
    dâ dû mir dîner vreuden gihs,
15 Kundrîe la surziere reit
    vil niulîch hinnen, mir ist leit,
    daz ich niht vrâcte, ob si dar
    wolde kêren oder anderswar.
    immer swenne si kumt, ir mûl dort stêt,
20 dâ der brunne ûz dem velse gêt.
    ich râte, daz dû ir rîtes nâch:
    irst lîhte vor dir niht sô gâch,
    dû enmüges si schiere hân erriten.'
    dâ enwart niht langer dô gebiten,
25 urloup nam der helt aldâ.
    dô kêrte er ûf die niuwen slâ:
    Kundrîen mûl die reise gienc.
    daz ungeverte im undervienc
    ein slâ, die er hete erkorn.
30 sus wart aber der grâl verlorn:

443   al sîner vreude er dô vergaz.
    ich wæne, er hete gevrâget baz,

wære er ze Munsalvæsche komen,
denne als ir ê hât vernomen.
5 nû lât in rîten: war sol er?
  dort gein im kom geriten her
ein man, dem was daz houbet blôz,
sîn wâpenroc von koste grôz,
dar underz harnas blanc gevar.
10 ânez houbet was er gewâpent gar.
gein Parzivâle er vaste reit.
dô sprach er: 'herre, mir ist leit,
daz ir mîns herren walt sus bant.
ir werdet schiere drum ermant,
15 dâ von sich iuwer gemüete sent.
Munsalvæsche ist niht gewent,
daz iemen ir sô nâhe rite,
ez enwære, der angestlîche strite
oder der alsolhen wandel bôt,
20 als man vor dem walde heizet tôt.'
einen helm er in der hende
vuorte, des gebende
wâren snüere sîdîn,
und eine scharphe glævîn,
25 dar inne al niuwe was der schaft.
der helt bant mit zornes kraft
den helm ûfz houbet ebene.
ez enstuont in niht vergebene
an den selben zîten
30 sîn dreun und ouch sîn strîten:
444   iedoch bereite er sich zer tjost.
Parzivâl mit solher kost
hete ouch sper vil verzert.
er dâhte: 'ich wære unernert,
5 rite ich über dises mannes sât:
wie würde denne sîns zornes rât?
nû trite ich hie den wilden varm.
mir engeswîchen hende, ieweder arm,
ich gibe vür mîne reise ein phant,
10 daz ninder bindet mich sîn hant.'
  daz wart ze beider sît getân,

diu ors in den walap verlân,
mit sporn getriben und ouch gevuort
vaste ûf der rabîne hurt:
15 ir enweders tjost dâ misseriet.
maneger tjost ein gegenniet
was Parzivâles hôhiu brust:
den lêrte kunst und sîn gelust,
daz sîn tjost als ebene vuor
20 rehte in den stric der helmsnuor.
er traf in, dâ man hæht den schilt,
sô man ritterschefte spilt,
daz von Munsalvæsche der templeis
von dem orse in eine halden reis
25 sô verre hin abe (diu was sô tief),
daz dâ sîn leger wênec slief.
Parzivâl der tjoste nâch
volcte. dem orse was ze gâch:
ez viel hin abe, daz ez gar zebrast.
30 Parzivâl eins zêders ast
445 begreif mit sînen handen.
nû jehts im niht ze schanden,
daz er sich âne schergen hienc.
mit den vuozen er gevienc
5 under im des velses herte.
in grôzem ungeverte
lac daz ors dort niden tôt.
der ritter gâhte von der nôt
anderhalben ûf die halden hin:
10 wolde er teilen den gewin,
den er erwarp an Parzivâl,
sô half im baz dâ heime der grâl.
  Parzivâl her wider steic.
der zügel gein der erden seic:
15 dâ hetez ors durch getreten,
als ob ez bîtens wære gebeten,
des jener ritter dâ vergaz.
dô Parzivâl dar ûf gesaz,
dô enwas niht wan sîn sper verlorn:
20 diu vlust gein vinden was verkorn.

ich wæne, der starke Lehelîn
noch der stolze Kingrisîn
nòch rois Gramoflanz
noch cons Laschoit fîz Gurnemanz
25 nie bezzer tjost geriten,
denne als diz ors wart erstriten.
dô reit er, er enwesse selbe war,
sô daz diu Munsalvæscher schar
in mit strîte gar vermeit.
30 des grâles vremde was im leit.

446   swerz ruocht vernemen, dem tuon ich kunt,
wie im sîn dinc dâ nâch gestuont.
des enprüeve ich niht der wochen zal,
über wie lanc sider Parzival
5 reit durch âventiure als ê.
eins morgens was ein dünner snê,
iedoch sô dicke wol gesnît,
als der noch vrost den liuten gît.
ez was ûf einem grôzen walt.
10 im widergienc ein ritter alt,
des bart al grâ was gevar,
dâ bî sîn vel lieht und klâr:
die selben varwe truoc sîn wîp.
diu beidiu über blôzen lîp
15 truogen grâwe röcke herte
ûf ir bîhte verte.
sîniu kint, zwuo juncvrouwen,
die man gerne mohte schouwen,
dâ giengen in der selben wât.
20 daz riet in kiusches herzen rât,
si giengen alle barvuoz.
Parzivâl bôt sînen gruoz
dem grâwen ritter, der dâ gienc.
von des râte er sît gelücke emphienc,
25 ez mohte wol ein herre sîn.
dâ liefen vrouwen breckelîn.
mit senften siten niht ze hêr
gienc dâ ritter und knappen mêr
mit zühten ûf der gotes vart,

30 genuoge sô junc, gar âne bart.
447   Parzivâl der werde degen
hete des lîbes sô gephlegen,
daz sîn zimierde rîche
stuont gar ritterlîche:
5 in solhem harnas er reit,
dem ungelîch was jeniu kleit,
diu gein im truoc der grâwe man.
daz ors ûz dem phade sân
kêrte er mit dem zoume.
10 dô nam sîn vrâgen goume
um der guoten liute vart:
mit süezer rede ers innen wart.
dô was des grâwen ritters klage,
daz im die heileclîchen tage
15 niht hülfen gein alsolhem site,
daz er sunder wâpen rite
oder daz er barvuoz gienge
und des tages zît begienge.
  Parzivâl sprach zim dô:
20 'herre, ich erkenne sus noch sô,
wie des jâres urhap gestêt
oder wie der wochen zal gêt.
swie die tage sint genant,
daz ist mir allez unbekant.
25 ich diende einem, der heizet got,
ê daz sô lasterlîchen spot
sîn gunst über mich erhancte,
mîn sin im nie gewancte,
von dem mir helfe was gesaget.
30 nû ist sîn helfe an mir verzaget'.
448   dô sprach der ritter grâ gevar:
'meint ir got, den diu maget gebar?
geloupt ir sîner mennescheit,
waz er als hiute durch uns erleit,
5 als man dises tages zît begêt,
unrehte iu denne daz harnas stêt:
ez ist hiute der karvrîtac,
des al diu werlt sich vreun mac

und dâ bî mit angest siufzec sîn.
10 wâ wart ie hôher triuwe schîn,
denne die got durch uns begienc,
den man durch uns anz kriuze hienc?
herre, phleget ir toufes,
sô jâmer iuch des koufes:
15 er hât sîn werdeclîchez leben
mit tôde vür unser schult gegeben,
durch daz der mensche was verlorn,
durch schulde hin zer helle erkorn.
ob ir niht ein heiden sît,
20 sô denket, herre, an dise zît.
rîtet vürbaz ûf unser spor:
iu ensitzet niht ze verre vor
ein heilec man, der gît iu rât,
wandel vür iuwer missetât.
25 welt ir im riuwe künden,
er scheidet iuch von sünden.’
    sîne tohter begunden sprechen:
‘waz wiltû, vater, rechen?
sô bœse weter wir nû hân,
30 waz râtes nimstû dich gein im an?

449 wan vüerstû in, dâ er erwarme?
sîne gîserten arme,
swie ritterlîch die sîn gestalt,
uns dunkt doch des, si haben kalt:
5 er ervrüre, wæren sîn eines drî.
dû hâs hie stênde nâhen bî
gezelt und slavenîen hûs:
kœme dir der künec Artûs,
dû behieldes in ouch mit spîse wol.
10 nû tuo, als ein wirt sol:
vüere disen ritter mit dir dan.’
dô sprach aber der grâwe man:
‘herre, mîne tohter sagent al wâr.
hie nâhen bî elliu jâr
15 var ich ûf disen wilden walt,
ez sî warm oder kalt,
immer gein des marter zît,

der stæten lôn nâch dienste gît.
swaz spîse ich ûz brâhte durch got,
20 die teile ich mit iu âne spot.'
    diez mit guotem willen tâten,
die juncvrouwen bâten
in belîben sêre
und er hete belîbens êre.
25 iewederiu daz mit triuwen sprach.
Parzivâl an in ersach,
swie tiur von vroste dâ was der sweiz,
ir munde wâren rôt, dicke und heiz:
die stuonden niht senlîche,
30 des tages zîte gelîche.
450   ob ich kleinez dinc dar ræche,
ungerne ich daz verspræche,
ich enholte einen kus durch suone dâ.
ob si der suone spræchen jâ?
5 wîp sint et immer wîp.
werlîches mannes lîp
hânt si schier betwungen:
inst dicke alsus gelungen.
    Parzivâl hie und dort
10 mit bete hôrte ir süezen wort,
des vater, muoter und der kinde.
er dâhte: 'ob ich erwinde,
ich gên ungerne in dirre schar.
dise megede sint sô wol gevar,
15 daz mîn rîten bî in übele stêt,
sît man und wîp ze vuoz hie gêt.
sich vüect mîn scheiden von in baz,
sît ich gein dem trage haz,
den si von herzen minnent
20 und sich helfe dâ versinnent.
der hât sîn helfe mir verspart
und mich vor sorgen niht bewart.'
Parzivâl sprach zin dô sân:
'herre und vrouwe, lât mich hân
25 iuwern urloup. gelücke iu heil
gebe und vreuden vollen teil.

ir juncvrouwen süeze,
iuwer zuht iu danken müeze,
sît ir gundet mir gemaches wol.
30 iuwern urloup ich haben sol.’
451   er neic und die andern nigen.
dâ wart ir klage niht verswigen.
   hin rîtet Herzeloide vruht.
dem riet sîn manlîchiu zuht
5 kiusche und erbarmunge:
sît Herzeloide diu junge
in hete ûf gerbet triuwe,
sich huop sîns herzen riuwe.
alrêst er dô gedâhte,
10 wer al die werlt volbrâhte,
an sînen schephære,
wie gewaldec der wære.
er sprach: ‘waz ob got helfe phliget,
diu mînem trûren ane gesiget?
15 wart aber er ie ritter holt,
gediende ie ritter sînen solt
oder mac schilt unde swert
sîner helfe sîn sô wert
und rehtiu manlîchiu wer,
20 daz sîn helfe mich vor sorgen ner,
ist hiute sîn helflîcher tac,
sô helfe er, ob er helfen mac.’
er kêrte sich wider, dannen er dâ reit.
si stuonden dannoch, den was leit,
25 daz er von in kêrte.
ir triuwe si daz lêrte:
die juncvrouwen im sâhen nâch,
gein den ouch im sîn herze jach,
daz er si gerne sæhe,
30 wande ir blic in schœne jæhe.
452   er sprach: ‘ist gotes kraft sô fier,
daz si beidiu ors und tier
und die liute mac wîsen,
sîn kraft wil ich im prîsen.
5 mac gotes kunst die helfe hân,

diu wîse mir diz kastelân
daz wægest um die reise mîn:
sô tuot sîn güete helfe schîn.
nû genc nâch der gotes kür.'
10 den zügel gein den ôren vür
er dem orse legete,
mit den sporn erz vaste regete.
gein Fontâne la Salvâsche ez gienc,
dâ Orilus den eit emphienc.
15 der kiusche Trevrezent dâ saz,
der manegen mântac übel gaz:
als tet er gar die wochen.
er hete gar versprochen
môraz, wîn und ouch daz brôt.
20 sîn kiusche im dannoch mêr gebôt,
der spîse hete er deheinen muot,
vische noch vleisch, swaz trüege bluot.
sus stuont sîn heileclîchez leben.
got hete im den muot gegeben:
25 der herre sich bereite gar
gein der himeleschen schar.
mit vaste er grôzen kummer leit,
sîn kiusche gein den tiuvel streit.
an dem ervert nû Parzivâl
30 diu verholnen mære um den grâl.

453 swer mich dâ von ê vrâcte
und drumme mit mir bâcte,
ob ichs im niht sagete,
unprîs der dran bejagete.
5 mich bat ez heln Kîôt,
wande im diu âventiure gebôt,
daz es immer man gedæhte,
êz diu âventiure bræhte
mit worten an der mære gruoz,
10 daz man dâ von doch sprechen muoz.
Kîôt der meister wol bekant
ze Dôlêt verworfen ligen vant
in heidenscher schrifte
dirre âventiur gestifte.

15 der karakter â bê cê
muoste er hân gelernet ê
âne den list von nigrômanzî.
ez half, daz im der touf was bî:
anders wære diz mære noch unvernomen.
20 dehein heidensch list möhte uns gevromen
ze künden um des grâles art,
wie man sîner tougen innen wart.
    ein heiden Flegetanîs
bejagete an künste hôhen prîs.
25 der selbe fîsîôn
was geborn von Salomôn,
ûz israhêlscher sippe erzilt
von alter her, unz unser schilt
der touf wart vürz helleviur.
30 der schreip von sgrâles âventiur,

454   er was ein heiden vaterhalp,
Flegetanîs, der an ein kalp
bette, als ob ez wære sîn got.
wie mac der tiuvel solhen spot
5 gevüegen an sô wîser diet,
daz si niht scheidet oder schiet
dâ von, der treget die hœsten hant
und dem elliu wunder sint bekant?
Flegetanîs der heiden
10 kunde uns wol bescheiden
ieslîches sternen hinganc
und sîner künfte widerwanc,
wie lange ieslîcher umme gêt,
ê er wider an sîn zil gestêt.
15 mit der sternen ummereise vart
ist gepruovt aller menneschlîcher art:
Flegetanîs der heiden sach,
dâ von er blûclîche sprach,
in dem gestirne mit sînen ougen
20 verholnbæriu tougen.
er jach, ez hieze ein dinc der grâl:
des namen las er sunder twâl
in dem gestirne, wie der hiez.

'ein schar in ûf der erden liez:
25 diu vuor ûf über die sterne hôch.
ob die ir unschult wider zôch?
sît muoz sîn phlegen getouftiu vruht
mit alsô kiuschlîcher zuht:
diu mennescheit ist immer wert,
30 der zuo dem grâle wirt gegert.'
455 sus schreip dâ von Flegetanîs.
    Kîôt der meister wîs
diz mære begunde suochen
in latîneschen buochen,
 5 wâ gewesen wære
ein volc dâ zuo gebære,
daz ez des grâles phlæge
und der kiusche sich bewæge.
er las der lande krônikâ
10 ze Britâne und anderswâ,
ze Vrancrîche und in Îrlant.
zAnschouwe er diu mære vant:
er las von Mazadân,
mit wârheite sunder wân
15 um allez sîn geslehte
stuont dâ geschriben rehte
und anderhalp, wie Titurel
und des sun Frimutel
den grâl bræhte ûf Amfortas,
20 des swester Herzeloide was,
bî der Gahmuret ein kint
gewan. des disiu mære sint,
der rîtet nû ûf die niuwen slâ,
die gein im kom der ritter grâ.
25   er erkande ein stat, swie læge der snê,
dâ liehte bluomen stuonden ê
(daz was vor eins gebirges want),
aldâ sîn manlîchiu hant
vroun Jeschûten die hulde erwarp
30 und dâ Orilus zorn verdarp.
456 diu slâ in dâ niht halden liez:
Fontâne la Salvâsche hiez

ein wesen, dar sîn reise gienc.
er vant den wirt, der in emphienc.
5 der einsidel zim sprach:
ʽouwê, herre, daz iu geschach
in dirre heileclîchen zît.
hât iuch angestlîcher strît
in diz harnas getriben
10 oder sît ir âne strît beliben?
sô stüende iu baz ein ander wât,
lieze iuch hôchverte rât.
nû ruocht erbeizen, herre,
(ich wæne, iu daz iht werre)
15 und erwarmt bî einem viure.
hât iuch âventiure
ûz gesant durch minnen solt?
sît ir rehter minne holt,
sô minnet, als nû diu minne gêt,
20 als dises tages minne stêt:
dient her nâch um wîbe gruoz.
ruocht erbeizen, ob ichs biten muoz.ʼ
    Parzivâl der wîgant
erbeizte nider al zehant,
25 mit grôzer zuht er vor im stuont.
er tet im von den liuten kunt,
die in dar wîsten,
wie die sîn râten prîsten.
dô sprach er: ʽherre, nû gebet mir rât:
30 ich bin ein man, der sünde hât.ʼ
457 dô disiu rede was getân,
dô sprach aber der guote man:
ʽich bin râtes iuwer wer.
nû saget mir, wer iuch wîste her.ʼ
5 ʽherre, ûf dem walde mir widergienc
ein grâ man, der mich wol emphienc:
als tet sîn massenîe.
der selbe valsches vrîe
hât mich zuo ziu her gesant:
10 ich reit sîn slâ, unz ich iuch vant.ʼ
der wirt sprach: ʽdaz was Gabenîs.

derst werdeclîcher vuore wîs.
der vürste ist ein Punturteis,
der rîche künec von Kâreis
15 sîn swester hât ze wîbe.
nie kiuscher vruht von lîbe
wart geborn denne sîn selbes kint,
diu iu dâ widergangen sint.
der vürste ist von küneges art.
20 alle jâr ist zuo mir her sîn vart.'
    Parzivâl zem wirte sprach:
'dô ich iuch vor mir stênde sach,
vorht ir iu iht, dô ich zuo ziu reit?
was iu mîn komen dô iht leit?'
25 dô sprach er: 'herre, geloubet mirz,
mich hât der ber und ouch der hirz
erschrecket dicker denne der man.
ein wârheit ich iu sagen kan,
ich envürhte niht, swaz mennesch ist.
30 ich hân ouch menneschlîchen list:

458 hetet irz niht vür einen ruom,
sô trüege ich vluht noch magetuom.
mîn herze emphienc noch nie den kranc,
daz ich von wer getæte wanc
5 bî mîner werlîchen zît.
ich was ein ritter, als ir sît,
der ouch nâch hôher minne ranc.
etswenne ich sündebæren gedanc
gein der kiusche parrierte.
10 mîn leben ich dar ûf zierte,
daz mir genâde tæte ein wîp.
des hât vergezzen nû mîn lîp.
gebet mir den zoum in mîne hant:
dort under jenes velses want
15 sol iuwer ors durch ruowen stên.
bî einer wîle sul wir beide gên
und brechen im grazzach und varm.
anders vuoters bin ich arm:
wir sulnz doch harte wol ernern.'
20 Parzivâl sich wolde wern,

daz er szoumes emphienge niht.
'iuwer zuht iu des niht giht,
daz ir strîtet wider deheinen wirt,
ob unvuoge iuwer zuht verbirt'
25 alsus sprach der guote man.
dem wirte wart der zoum verlân.
der zôch daz ors under jenen stein,
dâ selten sunne hin erschein:
daz was ein wilder marstal.
30 dâ durch gienc eins brunnen val.

459   Parzivâl stuont ûf dem snê.
ez tæte einem kranken manne wê,
ob er harnas trüege,
dâ der vrost sus an in slüege.
5 der wirt in vuorte in eine gruft,
dar selten kom des windes luft:
dâ lâgen glüendege koln.
die mohte der gast vil gerne doln.
eine kerzen zunde swirtes hant:
10 dô entwâpende sich der wîgant.
under im lac ramschoup und varm.
al sîne lide im wurden warm,
sô daz sîn vel liehten schîn
gap. er mohte wol waltmüede sîn,
15 wande er hete der strâzen wênec geriten,
âne dach die naht des tages erbiten:
als hete er manege ander.
getriuwen wirt dâ vander.
dâ lac ein roc, den lêch im an
20 der wirt und vuorte in mit im dan
zeiner andern gruft: dâ inne was
sîniu buoch, dar an der kiusche las.
nâch des tages site ein alterstein
dâ stuont al blôz, dar ûf erschein
25 ein kefse (diu wart schiere erkant),
dar ûfe Parzivâles hant
swuor einen ungevelschten eit,
dâ von vroun Jeschûten leit
ze liebe wart verkêret

30 und ir vreude gemêret.
460   Parzivâl zem wirte sîn
sprach: 'herre, dirre kefsen schîn
erkenne ich, wande ich drûfe swuor
zeinen zîten, dô ich hie vür si vuor.
5 ein gemâlet sper dâ bî ich vant:
herre, daz nam alhie mîn hant,
dâ mite ich prîs bejagete.
als man mir sider sagete
(ich verdâhte mich an mîn selbes wîp,
10 sô daz von witzen kom mîn lîp),
zwuo rîche tjoste dâ mite ich reit:
unwizzende ich die beide streit.
dannoch hete ich êre:
nû hân ich sorgen mêre,
15 denne ir an manne ie wart gesehen.
durch iuwer zuht sult ir des jehen,
wie lanc ist von der zîte her,
herre, daz ich hie nam daz sper?'
dô sprach aber der guote man:
20 'des vergaz mîn vriunt Taurian
hie: er kom mirs sît in klage.
vünfthalp jâr und drî tage
ist, daz irz im nâmet hie.
welt irz hœren, ich prüeve iu wie.'
25 an dem salter las er im über al
diu jâr und gar der wochen zal,
die dâ zwischen wâren hin.
    'alrêst ich innen worden bin,
wie lange ich var wîselôs
30 und daz vreuden helfe mich verkôs'
461   sprach Parzivâl. 'mirst vreude ein troum:
ich trage der riuwe swæren soum.
herre, ich tuon iu mêr noch kunt:
swâ kirchen oder münster stuont,
5 dâ man gotes êre sprach,
dehein ouge mich dâ nie gesach
sît den selben zîten.
ich ensuochte niht wan strîten.

ouch trage ich hazzes vil gein gote,
10 wande er ist mîner sorgen tote:
die hât er alze hôhe erhaben.
mîn vreude ist lebendec begraben.
kunde gotes kraft mit helfe sîn,
waz ankers wære diu vreude mîn?
15 diu sinket durch der riuwe grunt.
ist mîn manlîch herze wunt
(oder mac ez dâ von wesen ganz,
daz diu riuwe ir scharphen kranz
mir setzet ûf werdekeit,
20 die schiltes ammet mir erstreit
gein werlîchen handen?),
des gihe ich dem ze schanden,
der aller helfe hât gewalt,
ist sîn helfe helfe balt,
25 daz er mir denne hilfet niht,
sô vil man im der helfe giht.'
    der wirt ersiufzete und sach an in.
dô sprach er: 'herre, habet ir sin,
sô sult ir gote getrûwen wol:
30 er hilft iu, wande er helfen sol.
462 got müeze uns helfen beiden.
herre, ir sult mich bescheiden
(ruochet alrêst sitzen),
saget mir mit kiuschen witzen,
5 wie der zorn sich ane gevienc,
dâ von got iuwern haz emphienc.
durch iuwer zühte gedult
vernemt von mir sîn unschult,
ê daz ir mir von im iht klaget.
10 sîn helfe ist immer unverzaget.
doch ich ein leie wære,
der wâren buoche mære
kunde ich lesen unde schrîben,
wie der mensche sol belîben
15 mit dienste gein des helfe grôz,
den der stæten helfe nie verdrôz
vür der sêle senken.

sît getriuwe âne allez wenken,
sît got selbe ein triuwe ist:
20 dem was unmære ie valscher list.
wir suln in des geniezen lân:
er hât vil durch uns getân,
sît sîn edel hôher art
durch uns ze menschen bilde wart.
25 got heizt und ist ein wârheit.
dem was ie valschiu vuore leit,
daz sult ir gar bedenken.
er enkan an niemen wenken:
nû lêret iuwer gedanke,
30 hüetet iuch gein im an wanke.
463 ir enmeget im abe erzürnen niht:
swer iuch gein im in hazze siht,
der hât iuch an den witzen kranc.
nû prüevt, wie Lûzifern gelanc
5 und sînen nôtgestallen.
si wâren doch âne gallen:
jâ herre, wâ nâmen si den nît,
dâ von ir endelôser strît
zer helle emphâhet sûren lôn?
10 Astirot und Belzimôn,
Bêlet und Radamant
und ander, die ich dâ hân erkant,
diu liehte himelesche schar
wart durch nît nâch helle var.
15 dô Lûzifer vuor die hellevart
mit schar, ein mensche nâch im wart:
got worhte ûz der erden
Adâmen den werden.
von Adâmes verhe er Êven brach,
20 diu uns gap an daz ungemach,
daz si ir schephære überhôrte
und unser vreude stôrte.
von in zwein kom gebürte vruht:
einem riet sîn ungenuht,
25 daz er durch gîteclîchen ruom
sîner anen nam den magetuom.

nû beginnet genuoge des gezemen,
ê si diz mære vernemen,
daz si vreischen, wie daz möhte sîn:
30 ez wart iedoch mit sünden schîn.'
464   Parzivâl hin zim dô sprach:
'herre, ich wæne, daz ie geschach.
von wem was der man erborn,
von dem sîn ane hât verlorn
5 den magetuom, als ir mir saget?
daz möhtet ir gerne hân verdaget.'
der wirt sprach aber wider zim:
'von dem zwîvel ich iuch nim.
sage ich niht wâr die wârheit,
10 sô lât iu sîn mîn triegen leit.
diu erde Adâmes muoter was:
von erden vruht Adâm genas.
dannoch was diu erde ein maget:
noch hân ich iu niht gesaget,
15 wer ir den magetuom benam.
Kâíns vater was Adam,
er sluoc Abêlen um krankez guot:
dô ûf die reinen erdenz bluot
viel, ir magetuom was vervarn.
20 den nam ir Adâmes barn.
dô huop sich êrst der menschen nît:
alsô wert er immer sît.
in der werlde doch niht sô reines ist
sô diu maget âne valschen list.
25 nû prüevt, wie reine die megede sint:
got was selbe der megede kint.
von megeden sint zwei mensche komen.
got selbe antlitze hât genomen
nâch der êrsten megede vruht:
30 daz was sîner hôhen art ein zuht.
465   von Adâmes künne
huop sich riuwe und wünne,
sît er uns sippe lougent niht,
den ieslîch engel ob im siht,
5 und daz diu sippe ist sünden wagen,

sô daz wir sünde müezen tragen.
dar über erbarme sich des kraft,
dem erbarme gît geselleschaft.
sît sîn getriuwiu mennescheit
10 mit triuwen gein untriuwe streit,
ir sult ûf in verkiesen.
welt ir sælde niht verliesen,
lât wandel iu vür sünde bî.
sît rede und werke niht sô vrî,
15 wan der sîn leit sô richet,
daz er unkiusche sprichet,
von des lôn tuon ich iu kunt,
in urteilt sîn selbes munt.
nemt aldiu mære vür niuwe,
20 ob si iuch lêren triuwe
der pareliure: Plâtô
sprach bî sînen zîten dô
und Sibille diu profêtisse,
sunder fâlierens misse
25 si sageten dâ vor manec jâr,
uns solde komen al vür wâr
vür die hœsten schulde phant.
zer helle uns nam diu hœste hant
mit der gotlîchen minne:
30 die unkiuschen liez er dinne.
466 von dem wâren minnære
sagent disiu süezen mære.
der ist ein durchliuhtec lieht
und wenket sîner minne niht:
5 swem er minne erzeigen sol,
dem wirt mit sîner minne wol.
die selben sint geteilet:
aller werlde ist geveilet
beidiu sîn minne und ouch sîn haz.
10 nû prüevet, wederz helfe baz.
der schuldege âne riuwe
vliuht die gotlîchen triuwe:
swer aber wandelt sünden schulde,
der dient nâch werder hulde.

15 die treget, der durch gedanke vert.
gedanc sich sunnen blickes wert:
gedanc ist âne slôz gespart,
vor aller krêatiure bewart.
gedanc ist vinster âne schîn:
20 diu gotheit kan lûter sîn,
si glestet durch der vinster want
und hât den helden sprunc gerant,
der endiuzet noch enklinget.
sô er von dem herzen springet,
25 ez ist dehein gedanc sô snel,
ê er von dem herzen vür daz vel
kom, er ensî versuochet:
des kiuschen got geruochet.
sît got gedanke spehet sô wol,
30 ouwê der brœden werke dol!

467 swâ werc verwürkent sînen gruoz,
daz gotheit sich schamen muoz,
wem lât den menneschlîchiu zuht?
war hât diu arme sêle vluht?
5 welt ir nû gote vüegen leit,
der ze beiden sîten ist bereit,
zer minne und gein dem zorne,
sô sît ir der verlorne.
nû kêret iuwer gemüete,
10 daz er iu danke güete.'
    Parzivâl sprach zim dô:
'herre, ich bin des immer vrô,
daz ir mich von dem bescheiden hât,
daz nihtes ungelônet lât,
15 der missewende noch der tugent.
ich hân mit sorgen mîne jugent
alsus brâht an disen tac,
daz ich durch triuwe kummers phlac.'
der wirt sprach aber wider zim:
20 'nimts iuch niht hæle, gerne ich vernim,
waz ir kummers und sünden hât.
ob ir mich diu prüeven lât,
dar zuo gibe ich iu lîhte rât,

des ir selbe niht enhât.'
25 dô sprach aber Parzivâl:
'mîn hœstiu nôt ist um den grâl,
dâ nâch um mîn selbes wîp:
ûf erde nie schœner lîp
gesouc an deheiner muoter brust.
30 nâch den beiden sent sich mîn gelust.'
468   der wirt sprach: 'herre, ir sprechet wol.
ir sît in rehter kummers dol,
sît ir nâch iuwer selbes wîbe
sorgen phlihte gebet dem lîbe.
5 werdet ir ervunden an rehter ê,
iu mac zer helle werden wê,
diu nôt sol schiere ein ende hân
und werdet von banden aldâ verlân
mit der gotes helfe al sunder twâl.
10 ir jeht, ir sent iuch um den grâl:
ir tummer man, daz muoz ich klagen.
jâ enmac den grâl niemen bejagen,
wan der ze himele ist sô bekant,
daz er zem grâle sî benant.
15 des muoz ich von dem grâle jehen:
ich weiz ez und hânz vür wâr gesehen.'
Parzivâl sprach: 'wârt ir dâ?'
der wirt sprach gein im: 'herre, jâ.'
Parzivâl versweic in gar,
20 daz ouch er was komen dar:
er vrâcte in von der künde,
wiez um den grâl dâ stüende.
der wirt sprach: 'mir ist wol bekant,
ez wont manec werlîchiu hant
25 ze Munsalvæsche bî dem grâl.
durch âventiur die alle mâl
rîtent manege reise:
die selben templeise,
swâ si kummer oder prîs bejagent,
30 vür ir sünde si daz tragent.
469   dâ wont ein werlîchiu schar.
ich wil iu künden um ir nar:

si lebent von einem steine,
des geslehte ist vil reine.
5 hât ir des niht erkennet,
der wirt iu hie genennet:
er heizet lapsit exillîs.
von des steines kraft der fênîs
verbrinnet, daz er zaschen wirt:
10 diu asche im aber leben birt.
sus rêrt der fênîs mûze sîn
und gît dar nâch vil liehten schîn,
daz er schœne wirt als ê.
ouch wart nie menschen sô wê,
15 swelhes tages ez den stein gesiht,
die wochen mac ez sterben niht,
diu aller schierst dar nâch gestêt.
sîn varwe im nimmer ouch zegêt:
man muoz im solher varwe jehen,
20 dâ mite ez hât den stein gesehen,
ez sî maget oder man,
als dô sîn bestiu zît huop an,
sæhe ez den stein zwei hundert jâr.
im enwürde denne grâ sîn hâr,
25 solhe kraft dem menschen gît der stein,
daz im vleisch unde bein
jugent emphæhet al sunder twâl.
der stein ist ouch genant der grâl.
dar ûf kumt hiute ein botschaft,
30 dar an doch liget sîn hœste kraft:
470 ez ist hiute der karvrîtac,
daz man vür wâr dâ warten mac,
ein tûbe von himele swinget,
ûf den stein diu bringet
5 eine kleine wîze oblât,
ûf dem steine si die lât.
diu tûbe ist durchliuhtec blanc,
ze himele tuot si widerwanc.
immer alle karvrîtage
10 brinct si ûf den stein, als ich iu sage,
dâ von der stein emphæhet,

swaz guotes ûf erden dræhet
von trinken und von spîse,
als den wunsch von pardîse:
15 ich meine, swaz diu erde mac gebern.
der stein si vürbaz mêr sol wern,
swaz wildes under dem lufte lebet,
ez vliege oder loufe und daz swebet.
der ritterlîchen bruoderschaft,
20 die phrüende in gît des grâles kraft.
   die aber zem grâle sint benant,
hœrt, wie die werdent bekant.
zende an des steines drum
von karakten ein epitafium
25 saget sînen namen und sînen art,
swer dar tuon sol die sælden vart,
ez sî von megeden oder von knaben.
die schrift darf niemen danne schaben:
sô man den namen gelesen hât,
30 vor ir ougen si zegât.
471   si kômen alle dar vür kint,
die nû dâ grôze liute sint.
wol die muoter, diu daz kint gebar,
daz sol ze dienste hœren dar!
5 der arme und der rîche
vreunt sich al gelîche,
ob man ir kint eischet dar,
daz siz suln senden an die schar:
man holt si in manegen landen.
10 vor sündebæren schanden
sint si immer mêr behuot
und wirt ir lôn ze himele guot:
swenne in erstirbet hie daz leben,
sô wirt in dort der wunsch gegeben.
15 die newederhalp gestuonden,
dô strîten begunden
Lûzifer und Trînitas,
swaz der selben engel was,
die edeln und die werden
20 muosten ûf die erden

zuo dem selben steine.
der stein ist immer reine.
ich enweiz, ob got ûf si verkôs
oder ob er si vürbaz verlôs:
25 was daz sîn reht, er nam si wider.
des steines phliget immer sider,
die got dar zuo benande
und in sînen engel sande.
herre, sus stêt ez um den grâl.'
30   dô sprach aber Parzivâl:
472   'mac ritterschaft des lîbes prîs
und doch der sêle pardîs
bejagen mit schilt und ouch mit sper,
sô was ie ritterschaft mîn ger.
5 ich streit ie, swâ ich strîten vant,
sô daz mîn werlîchiu hant
sich nâhte dem prîse.
ist got an strîte wîse,
der sol mich dar benennen,
10 daz si mich dâ bekennen:
mîn hant dâ strîtes niht verbirt.'
dô sprach aber sîn kiuscher wirt:
'ir müestet aldâ vor hôchvart
mit senftem willen sîn bewart.
15 iuch verleitet lîhte iuwer jugent,
daz ir der kiusche bræchet tugent.
hôchvart ie seic unde viel'
sprach der wirt: ieweder ouge im wiel,
dô er an diz mære dâhte,
20 daz er dâ mit rede volbrâhte.
    dô sprach er: 'herre, ein künec dâ was,
der hiez und heizt noch Amfortas.
daz sol iuch und mich armen
immer mêr erbarmen,
25 um sîne herzebære nôt,
die hôchvart im ze lône bôt.
sîn jugent und sîn rîcheit
der werlde an im vuocte leit
und daz er gerte minne

30 ûzerhalp der kiusche sinne.
473 der site ist niht dem grâle reht:
dâ muoz der ritter und der kneht
bewart sîn vor lôsheit.
diemuot die hôchvart überstreit.
5 dâ wont ein werdiu bruoderschaft:
die hânt mit werlîcher kraft
erwert mit ir handen
der diet von al den landen,
daz der grâl ist unerkennet,
10 wan die dar sint benennet
ze Munsalvæsche an sgrâles schar.
wan einer kom unbenennet dar:
der selbe was ein tummer man
und vuorte ouch sünde mit im dan,
15 daz er niht zem wirte sprach
um den kummer, den er an im sach.
ich ensol niemen schelten:
doch muoz er sünde engelten,
daz er niht vrâcte swirtes schaden.
20 er was mit kummer sô geladen,
ez enwart nie erkant sô hôher pîn.
dâ vor kom rois Lehelîn
ze Brumbâne an den sê geriten
durch tjoste hete sîn dâ gebiten
25 Libêals der werde helt.
des tôt mit tjoste was erwelt,
er was erborn von Prienlaschors.
Lehelîn des heldes ors
dannen zôch mit sîner hant:
30 dâ wart der rêroup bekant.
474 herre, sît irz Lehelîn?
sô stêt in dem stalle mîn
den orsen ein ors gelîch gevar,
diu dâ hœrent an sgrâles schar:
5 an dem satel ein turteltûbe stêt.
daz ors von Munsalvæsche gêt.
diu wâpen gap in Amfortas,
dô er der vreuden herre was.

ir schilte sint von alter sô.
10 Titurel si brâhte dô
an sînen sun rois Frimutel:
dar unde verlôs der degen snel
von einer tjoste ouch sînen lîp.
der minnete sîn selbes wîp,
15 daz nie von mannen mêre
wîp geminnet wart sô sêre,
ich meine mit rehten triuwen.
sîne site sult ir niuwen
und minnet von herzen iuwer konen.
20 sîner site sult ir wonen:
iuwer varwe im treget gelîchiu mâl.
der was ouch herre übern grâl.
ouwî herre, wannen ist iuwer vart?
nû ruocht mir prüeven iuwern art.'
25   ieweder vaste an den andern sach.
Parzivâl zem wirte sprach:
'ich bin von einem man erborn,
der mit tjoste hât den lîp verlorn
und durch ritterlîch gemüete.
30 herre, durch iuwer güete
475   sult ir in nemen in iuwer gebet.
mîn vater der hiez Gahmuret,
er was von arte ein Anschevîn.
herre, ich enbinz niht Lehelîn.
5 genam ich ie den rêroup,
sô was ich an den witzen toup:
ez ist iedoch von mir geschehen.
der selben sünde muoz ich jehen:
Îthêren von Kukûmerlant,
10 den sluoc mîn sündebæriu hant,
ich legete in tôten ûf daz gras
und nam, swaz dâ ze nemen was.'
    'ouwê werlt, wie tuostû sô?'
sprach der wirt: der was des mæres unvrô.
15 'dû gîs den liuten herzesêr
und riuwebæres kummers mêr
denne der vreude. wie stêt dîn lôn!

sus endet sich dîns mæres dôn.'
dô sprach er: 'lieber swestersun,
20 waz râtes möhte ich dir nû tuon?
dû hâs dîn eigen verh erslagen.
wiltû vür got die schulde tragen,
sît daz ir beide wârt ein bluot,
ob got dâ reht gerihte tuot,
25 sô giltet im dîn eigen leben.
waz wiltû im dâ ze gelte geben,
Îthêren von Gaheviez?
der rehten werdekeit geniez,
des diu werlt was gereinet,
30 hete got an im erscheinet.
476 missewende was sîn riuwe.
er balsem ob der triuwe,
al werltlîchiu schande in vlôch:
werdekeit sich in sîn herze zôch.
5 dich solden hazzen werdiu wîp
durch sînen minneclîchen lîp:
sîn dienest was gein in sô ganz,
ez machte wîbes ougen glanz,
die in gesâhen, von sîner süeze.
10 got daz erbarmen müeze,
daz dû ie gevrumtes solhe nôt!
mîn swester lac ouch nâch dir tôt,
Herzeloide dîn muoter.'
'neinâ herre guoter,
15 waz saget ir nû?' sprach Parzivâl.
'wære ich denne herre übern grâl,
der möhte mich ergetzen niht
des mæres mir iuwer munt vergiht.
bin ich iuwer swester kint,
20 sô tuot als die mit triuwen sint
und saget mir sunder wankes vâr,
sint disiu mære beidiu wâr?'
dô sprach aber der guote man:
'ich enbinz niht, der dâ triegen kan:
25 dîner muoter daz ir triuwe erwarp,
dô dû von ir schiede, zehant si starp.

    dû wære daz tier, daz si dâ souc,
    und der trache, der von ir dâ vlouc.
    ez widervuor in slâfe ir gar,
30 ê daz diu süeze dich gebar.
477   mîner geswisterde zwei noch sint.
    mîn swester Schoisiâne ein kint
    gebar: der vrühte lac si tôt.
    der herzoge Kîôt
5 von Katelangen was ir man:
    der enwolde ouch sît niht vreude hân.
    Sigûnen, des selben tohterlîn,
    bevalh man der muoter dîn.
    Schoisiânen tôt mich smerzen
10 muoz enmitten in dem herzen:
    ir wîplîch herze was sô guot,
    ein arke vür unkiusche vluot.
    ein maget, mîn swester, phliget noch site,
    sô daz ir volget kiusche mite:
15 Repanse de Schoie phliget
    des grâles, der sô swære wiget,
    daz in diu valschlîch mennescheit
    nimmer von der stat getreit.
    ir bruoder und mîn ist Amfortas,
20 der beidiu ist unde was
    von art des grâles herre.
    demst leider vreude verre,
    wan daz er hât gedingen,
    in sül sîn kummer bringen
25 zem endelôsen gemache.
    mit wunderlîcher sache
    ist ez im komen an riuwen zil,
    als ich dir, neve, künden wil.
    phligestû denne triuwe,
30 sô erbarmet dich sîn riuwe.
478   dô Frimutel den lîp verlôs,
    mîn vater, nâch im man dô kôs
    sînen eldesten sun ze künege dar,
    ze vogete dem grâle und sgrâles schar.
5 daz was mîn bruoder Amfortas,

der krône und rîcheit wirdec was.
dannoch wir wênec wâren.
dô mîn bruoder gein den jâren
kom vür der gransprunge zît,
10 mit solher jugent hât minne ir strît:
sô twinct si ir vriunt sô sêre,
man mac es ir jehen zunêre.
swelh grâles herre aber minne gert
anders, denne diu schrift in wert,
15 der muoz es komen zarbeit
und in siufzebæriu herzeleit.
mîn herre und der bruoder mîn
kôs im eine vriundîn,
des in dûhte, mit guotem site.
20 swer diu was, daz sî dâ mite.
in ir dienest er sich zôch,
sô daz diu zageheit in vlôch:
des wart von sîner klâren hant
verdürkelt manec schiltes rant.
25 dâ bejagete an âventiure
der süeze und der gehiure,
wart ie hôher prîs erkant
über elliu ritterlîchiu lant,
vor dem mære was er der vrîe.
30 Âmor was sîn krîe:

479   der ruoft ist zer diemuot
iedoch niht vollectîchen guot.
    eins tages der künec al eine reit
(daz was gar den sînen leit)
5 ûz durch âventiure
durch vreude an minnen stiure:
des twanc in der minnen ger.
mit einem gelüppeten sper
wart er ze tjostieren wunt,
10 sô daz er nimmer mêr gesunt
wart, der süeze œheim dîn,
durch die heidruose sîn.
ez was ein heiden, der dâ streit
und der die selben tjoste reit,

15 geborn von Etnîse,
dâ ûz dem pardîse
rinnet diu Tîgris.
der selbe heiden was gewis,
sîn ellen solde den grâl behaben.
20 in dem sper was sîn name ergraben:
er suochte die verren ritterschaft,
niht wan durch des grâles kraft
streich er wazzer unde lant.
von sînem strîte uns vreude swant.
25 dîns œheims strît man prîsen
muoz: des spers îsen
vuorte er in sînem lîbe dan.
dô der junge werde man
kom heim zuo den sînen,
30 dâ sach man jâmer schînen.
480 den heiden hete er dort erslagen:
den sul ouch wir ze mâze klagen.
  dô uns der künec kom sô bleich
und im sîn kraft gar gesweich,
 5 in die wunden greif eins arztes hant,
unz er des spers îsen vant.
der trunzûn was rœrîn,
ein teil in der wunden sîn:
diu gewan der arzet beidiu wider.
10 mîne venje viel ich nider:
dâ lobete ich der gotes kraft,
daz ich deheine ritterschaft
getæte nimmer mêre,
daz got durch sîn êre
15 mînem bruoder hülfe von der nôt.
ich verswuor ouch vleisch, wîn und brôt
und dar nâch al, daz trüege bluot,
daz ichs nimmer mêr gewünne muot.
daz was der diet ander klage,
20 lieber neve, als ich dir sage,
daz ich schiet von dem swerte mîn.
si sprâchen: 'wer sol schirmære sîn
über des grâles tougen?'

dô weinden liehtiu ougen.
25   si truogen den künec sunder twâl
durch die gotes helfe vür den grâl.
dô der künec den grâl gesach,
daz was sîn ander ungemach,
daz er niht sterben mohte,
30 wande im sterben dô niht tohte,

481   sît daz ich mich hete ergeben
in alsus armeclîchez leben
und des edeln artes hêrschaft
was komen an sô swache kraft.
5 des küneges wunde geitert was.
swaz man der arztbuoche las,
die engâben deheiner helfe lôn.
gein aspis, ezidemôn,
ehkontius und lîsis,
10 jêzis und mêâtris
(die argen slangenz eiter heiz
tragent), swaz iemen dâ vür weiz
und vür ander würme, diez eiter tragent.
swaz die wîsen arzte dâ vür bejagent
15 mit fîsiken liste an würzen,
(lâ dir die rede kürzen)
der deheinz gehelfen kunde:
got selbe uns des verbunde.
wir gewunnen Gêôn
20 ze helfe und Fîsôn,
Eufrâtes und Tîgrîs,
diu vier wazzer ûz dem pardîs,
sô nâhe hin zuo ir süezer smac
dennoch niht sîn verrochen mac,
25 ob dehein wurz dinne quæme,
diu unser trûren næme.
daz was verlorniu arbeit.
dô niute sich unser herzeleit:
doch versuochte wirz in manege wîs.
30   dô gewunne wir daz selbe rîs,

482   dar ûf Sibille jach
Enêas vür hellesch ungemach

und vür des Flegetônen rouch,
vür ander vlüzze, die drinne vliezent, ouch.
5 des nâmen wir uns muoze
und gewunnen daz rîs ze buoze,
ob daz sper ungehiure
in dem helleschen viure
wære gelüppet oder gelœtet,
10 daz uns an vreuden tœtet.
dô was dem sper niht alsus.
ein vogel heizt pelikânus:
swenne der vruht gewinnet,
alze sêre er die minnet.
15 in twinget sîner triuwe gelust,
daz er bîzet durch sîn selbes brust
und lætz bluot den jungen in den munt:
er stirbet an der selben stunt.
dô gewunne wir des vogels bluot,
20 ob uns sîn triuwe wære guot,
und strichenz an die wunden,
sô wir beste kunden.
daz mohte uns niht gehelfen sus.
ein tier heizt monizirus:
25 daz erkennet der megede reine sô grôz,
daz ez slæfet ûf der megede schôz.
wir gewunnen des tieres herzen
über des küneges smerzen.
wir nâmen den karfunkelstein
30 ûf des selben tieres hirnbein,

483   der dâ wehset under sînem horne.
wir bestrichen die wunden vorne
und besouften den stein drinne gar:
diu wunde was et lüppec var.
5 daz tet uns mit dem künege wê.
wir gewunnen eine wurz, heizt trachontê
(wir hœren von der würze sagen,
swâ ein trache werde erslagen,
si wahse von dem bluote.
10 der würze ist sô ze muote,
si hât al des luftes art),

ob uns des trachen ummevart
dar zuo möhte iht gevromen.
vür der sterne wider komen
15 und vür des mânen wandeltac,
dar an der wunden smerze lac,
der würze edel hôch geslehte
kom uns dâ vür niht rehte.
  unser venje viele wir vür den grâl.
20 dar an gesâhe wir zeinem mâl
geschriben, dar solde ein ritter komen:
würde des vrâge aldâ vernomen,
sô solde der kummer ende hân.
ez wære kint, maget oder man,
25 daz in der vrâge warnete iht,
sô ensolde diu vrâge helfen niht,
wan daz der schade stüende als ê
und herzelîcher tæte wê.
diu schrift sprach: 'habet ir daz vernomen?
30 iuwer warnen mac ze schaden komen.
484   vrâct er niht bî der êrsten naht,
sô zegêt sîner vrâge maht:
wirt sîn vrâge an rehter zît getân,
sô sol erz künecrîche hân
 5 und hât der kummer ende
von der hœsten hende.
dâ mite ist Amfortas genesen,
er ensol aber niemêr künec wesen.'
sus lâse wir an dem grâle,
10 daz Amfortases quâle
dâ mite ein ende næme,
swenne im diu vrâge quæme.
wir strichen an die wunden,
swâ mite wir senften kunden,
15 die guoten salben nardas
und swaz gedrîakelt was
und den rouch von lignâlôê:
im was et zallen zîten wê.
dô zôch ich mich dâ her:
20 swachiu wünne ist mîner jâre wer.

sît kom ein ritter dar geriten
(der möhtez gerne hân vermiten),
von dem ich dir ê sagete.
unprîs der dâ bejagete,
25 sît er den rehten kummer sach,
daz er niht zuo dem wirte sprach:
'herre, wie stêt iuwer nôt?'
sît im sîn tumpheit daz gebôt,
daz er aldâ niht vrâcte,
30 grôzer sælde in dô betrâcte.'

485   si beide wâren mit herzen klage.
dô nâhete ez dem mitten tage:
der wirt sprach: 'gê wir nâch der nar.
dîn ors ist unberâten gar:
5 ich mac uns selben niht gespîsen,
es enwelle uns got bewîsen.
mîn küche riuchet selten:
des muostû hiute engelten
und al die wîle dû bî mir bist.
10 ich solde dich hiute lêren list
an den würzen, lieze uns der snê.
got gebe, daz der schier zegê.
nû brechen die wîle îwîn graz.
ich wæne, dîn ors dicke gaz
15 ze Munsalvæsche baz denne hie.
dû noch ez ze wirte nie
kômt, der iuwer gerner phlæge,
ob ez hie bereitez læge.'
    si giengen ûz um ir bejac.
20 Parzivâl des vuoters phlac.
der wirt gruop im würzelîn:
daz muoste ir beste spîse sîn.
der wirt sîner orden niht vergaz:
swie vil er gruop, deheine er az
25 der würze vor der nône,
an die stûden schône
hienc er si und suochte mêre.
durch die gotes êre
manegen tac ungâz er gienc,

30 sô er vermiste, dâ sîn spîse hienc.
486 die zwêne gesellen niht verdrôz,
si giengen, dâ der brunne vlôz,
si wuoschen würze und ir krût.
ir munt wart selten lachens lût.
5 ieweder sîne hende
twuoc. an einem gebende
truoc Parzivâl îwîn loup
vürz ors. ûf ir ramschoup
giengen si wider ze den ir koln.
10 man dorfte in niht mêr spîse holn:
dâ enwas gesoten noch gebrâten
und ir küchen unberâten.
Parzivâl mit sinne
durch die getriuwe minne,
15 die er gein sînem wirte truoc,
in dûhte, er hete baz genuoc,
denne dô sîn phlac Gurnemanz
und dô sô maneger vrouwen varwe glarz
ze Munsalvæsche vür in gienc,
20 dâ er wirtschaft von dem grâle emphienc.
der wirt mit triuwen wîse
sprach: ‘neve, disiu spîse
sol dir niht versmâhen.
dû envündes in allen gâhen
25 deheinen wirt, der dir gunde baz
guoter wirtschaft âne haz.’
Parzivâl sprach: ‘herre,
der gotes gruoz mir verre,
ob mich ie baz gezæme,
30 swes ich von wirte næme.’
487 swaz dâ was spîse vür getragen,
beliben si dâ nâch ungetwagen,
daz enschadete in an den ougen niht,
als man vischegen handen giht.
5 ich wil vür mich geheizen,
man möhte mit mir beizen,
wære ich vür vederspil erkant,
ich swünge al gernde von der hant,

bî solhen kröphelînen
10 tæte ich vliegen schînen.
   wes spotte ich der getriuwen diet?
   mîn alt unvuoge mir daz riet.
   ir hât doch wol gehœret,
   waz in rîcheit hât gestœret,
15 war um si wâren vreuden arm,
   dicke kalt und selten warm.
   si dolten herzen riuwe
   niht wan durch rehte triuwe
   âne alle missewende.
20 von der hœsten hende
   emphiengen si um ir kummer solt:
   got was und wart in beiden holt.
      si stuonden ûf und giengen dan,
   Parzivâl und der guote man,
25 zem orse gein dem stalle.
   mit kranker vreuden schalle
   der wirt zem orse sprach: 'mirst leit
   dîn hungerbæriu arbeit
   durch den satel, der ûf dir liget,
30 der Amfortases wâpen phliget.'
488   dô si daz ors begiengen,
      niuwe klage si ane geviengen.
      Parzivâl zem wirte sîn
      sprach: 'herre und lieber œheim mîn,
 5 getorste ichz iu vor schame gesagen,
   mîn ungelücke ich solde klagen.
   daz verkiest durch iuwer selbes zuht:
   mîn triuwe hât doch gein iu vluht.
   ich hân sô sêre missetân,
10 welt ir michs engelten lân,
   sô scheide ich von dem trôste
   und bin der unerlôste
   immer mêr von riuwe.
   ir sult mit râtes triuwe
15 klagen mîne tumpheit.
   der ûf Munsalvæsche reit
   und der den rehten kummer sach

und der deheine vrâge sprach,
daz bin ich unsælec barn.
20 sus hân ich, herre, missevarn.'
   der wirt sprach: 'neve, waz sagestû nuo?
wir suln beide samt zuo
herzenlîcher klage grîfen
und die vreude lâzen slîfen,
25 sît dîn kunst sich sælden sus verzêch.
dô dir got vünf sinne lêch
(die hânt ir rât dir vor bespart),
wie was dîn triuwe von in bewart
an den selben stunden
30 bî Amfortases wunden?
489   doch wil ich râtes niht verzagen.
dû ensolt ouch niht ze sêre klagen:
dû solt in rehten mâzen
klagen und klagen lâzen.
5 diu mennescheit hât wilden art.
etswâ wil jugent an witze vart:
wil dennez alter tumpheit üeben
und lûter site trüeben,
dâ von wirt daz wîze sal
10 und diu grüene tugent val,
dâ von beklîben möhte,
daz der werdekeite töhte.
möhte ich dirz wol begrüenen
und dîn herze alsô erküenen,
15 daz dû den prîs bejagetes
und an got niht verzagetes,
sô gestüende noch dîn linge
an sô werdeclîchem dinge,
daz wol ergetzet hieze.
20 got selbe dich niht lieze:
ich bin von gote dîn râtes wer.
   nû sage mir, sæhe dû daz sper
ze Munsalvæsche ûf dem hûs?
dô der sterne Saturnûs
25 wider an sîn zil gestuont
(daz wart uns bî der wunden kunt

und bî dem sumerlîchen snê),
im getet der vrost nie sô wê,
dem süezen œheime dîn.
30 daz sper muoste in die wunden sîn:
490   dâ half ein nôt vür die andern nôt.
des wart daz sper bluotec rôt.
etslîcher sterne komende tage
die diet dâ lêret jâmers klage,
5 die sô hôhe ob ein ander stênt
und ungelîche wider gênt,
und des mânen wandelkêre
schadet ouch zer wunden sêre.
dise zît, die ich hie benennet hân,
10 sô muoz der künec ruowe lân:
sô tuot im grôzer vrost sô wê,
sîn vleisch wirt kelter denne der snê.
sît man daz gelüppe heiz
an dem spers îsen weiz,
15 die zît manz ûf die wunden leget:
den vrost ez ûz dem lîbe treget,
al um daz sper glasvar als îs.
daz enmohte aber deheinen wîs
von dem sper niemen bringen dan,
20 wan Trebuchet der wîse man:
der worhte zwei mezzer, diu ez sniten,
ûz silber, diu ez niht vermiten.
den list tet im ein segen kunt,
der an des küneges swerte stuont.
25 maneger ist, der gerne giht,
aspindê daz holz enbrinne niht:
sô dises glases drûf iht spranc,
viurlohen dâ nâch swanc,
aspindê dâ von verbran.
30 waz wunders diz gelüppe kan!
491   er mac gerîten noch gegên,
der künec, noch geligen noch gestên:
er lent âne sitzen
mit siufzebæren witzen.
5 gein des mânen wandel ist im wê.

Brumbâne ist genant ein sê:
dâ treget man in ûf durch süezen luft
durch sîner sûren wunden gruft.
daz heizt er sînen weidetac:
10 swaz er aldâ gevâhen mac
bî sô smerzlîchem sêre,
er bedarf dâ heime mêre.
dâ von kom ûz ein mære,
er wære ein vischære.
15 daz mære muoste er lîden:
salmen, lamprîden
hât er doch lützel veile.'
    der trûrege, niht der geile,
Parzivâl sprach al zehant:
20 'in dem sê den künec ich vant
geankert ûf dem wâge,
ich wæne durch vische lâge
oder durch ander kurzwîle.
ich hete manege mîle
25 des tages dar gestrichen:
Pelrapeire ich was entwichen
rehte um den mitten morgen.
des âbents phlac ich sorgen,
wâ diu herberge möhte sîn:
30 der beriet mich der œheim mîn.'
492   'dû rite ein angestlîche vart,'
sprach der wirt, 'durch warte wol bewart.
ieslîchiu sô besetzet ist
mit rotte, selten iemens list
5 in hilfet gein der reise.
er kêrte ie gein der vreise,
swer jenen her dâ zuo zin reit:
si nement niemens sicherheit,
si wâgent ir leben gein jenes leben.
10 daz ist vür sünde in dâ gegeben.'
'nû kom ich âne strîten
an den selben zîten
geriten, dâ der künec was'
sprach Parzivâl. 'des palas

15 sach ich des âbents jâmers vol.
wie tet in jâmer dô sô wol?
ein knappe aldâ zer tür în spranc,
dâ von der palas jâmers klanc.
der truoc in sînen henden
20 einen schaft zen vier wenden,
dar inne ein sper bluotec rôt.
des kom diu diet in jâmers nôt.’
   der wirt sprach: ‘neve, sît noch ê
wart dem künege nie sô wê,
25 wan dô sîn komen zeicte sus
der sterne Saturnus:
der kan mit grôzem vroste komen.
drûf legen mohte uns niht gevromen,
als manz ê drûfe ligen sach:
30 daz sper man in die wunden stach.
493 Saturnus louft sô hôhe enbor,
daz ez diu wunde wesse vor,
ê der ander vrost kœme her nâch.
dem snê was ninder alsô gâch,
 5 er viel alrêst an der andern naht.
in der sumerlîchen maht,
dô man sküneges vrost sus werte,
die diet ez vreuden herte.’
dô sprach der kiusche Trevrezent:
10 ‘si emphiengen jâmers soldiment:
daz sper in vreude entvuorte,
daz ir herzen verh sus ruorte.
dô machte ir jâmers triuwe
des toufes lêre al niuwe.’
15   Parzivâl zem wirte sprach:
‘vünf und zweinzec megede ich dâ sach,
die vor dem künege stuonden
und wol mit zühten kunden.’
der wirt sprach: ‘es suln megede phlegen
20 (des hât sich got gein im bewegen),
des grâls, dem si dâ dienten vür.
der grâl ist mit hôher kür.
sô suln sîn ritter hüeten

mit kiuscheclîchen güeten.
25 der hôhen sterne komendiu zît
der diet aldâ grôz jâmer gît,
den jungen und den alden.
got hât zorn behalden
gein in alze lange dâ:
30 wenne suln si vreude sprechen jâ?
494 neve, nû wil ich sagen dir,
daz dû maht wol gelouben mir,
ein schanze dicke stêt vor in:
si gebent unde nement gewin.
5 si emphâhent kleiniu kinder dar
von hôher art und wol gevar.
wirt inder herrenlôs ein lant,
erkennent si dâ die gotes hant,
sô daz diu diet eins herren gert,
10 von sgrâles schar die sint gewert.
des müezen ouch si mit zühten phlegen:
sîn hüetet aldâ der gotes segen.
got schaffet verholne dan die man,
offenlîch gît man megede dan.
15 dû solt des sîn vil gewis,
daz der künec Kastis
Herzeloiden gerte,
der man in schône werte:
dîne muoter gap man im ze konen.
20 er solde aber niht ir minne wonen:
der tôt in ê legete in daz grap.
dâ vor er dîner muoter gap
Wâleis und Norgâls,
Kanvoleiz und Kingrivâls,
25 daz ir mit sal wart gegeben.
der künec niht langer solde leben.
diz was ûf sîner reise wider:
der künec sich legete sterbens nider.
dô truoc si krône über zwei lant:
30 dâ erwarp si Gahmuretes hant.
495 sus gît man von dem grâle dan
offenlîch megede, verholne die man

durch vruht ze dienste wider dar,
ob ir kint des grâles schar
5 mit dienest suln mêren.
daz kan si got wol lêren.
   swer sich dienstes gein grâle hât bewegen,
gein wîben minne er muoz verphlegen:
wan der künec sol haben eine
10 ze rehte eine konen reine
und ander, die got hât gesant
ze herren in herrenlôsiu lant.
über daz gebot ich mich bewac,
daz ich nâch minnen dienstes phlac.
15 mir geriet mîn vlæteclîchiu jugent
und eins werden wîbes tugent,
daz ich in ir dienest reit,
dâ ich dicke herteclîchen streit.
die wilden âventiure
20 mich dûhten sô gehiure,
daz ich selten turnierte.
ir minne kondewierte
mir vreude in daz herze mîn,
durch si tet ich vil strîtes schîn:
25 des twanc mich ir minnen kraft
gein der wilden verren ritterschaft.
ir minne ich alsus koufte:
der heiden und der getoufte
wâren mir strîtes al gelîch.
30 si dûhte mich lônes rîch.

496   sus phlac ichs durch die werden
ûf den drîn teilen der erden,
zEurôpâ und in Âsiâ
und verre in Afrikâ.
5 sô ich rîche tjoste wolde tuon,
sô reit ich vür Gauriûn.
ich hân ouch manege tjost getân
vor dem berc ze Feimorgân.
ich tet vil rîcher tjoste schîn
10 vor dem berc zAgremontîn.
swer einhalp wil ir tjoste hân,

dâ koment ûz viurege man:
anderhalp si brinnent niht,
swaz man dâ tjostiure siht.
15 und dô ich vür den Rôhas
durch âventiur gestrichen was,
dâ kom ein werdiu windesch diet
ûz durch tjoste gegenbiet.
ich vuor von Sibilje
20 daz mer alum gein Zilje,
durch Frîûl ûz vür Aglei.
    ouwê unde heiâ hei,
daz ich dînen vater ie gesach,
der mir ze sehene aldâ geschach,
25 dô ich ze Sibilje zogete în.
dô hete der werde Anschevîn
vor mir geherberget ê.
sîn vart tuot mir immer wê,
die er vuor ze Baldac:
30 ze tjostieren er dâ tôt lac,
497 daz was ê von im dîn sage.
ez ist immer mînes herzen klage.
mîn bruoder ist guotes rîche:
verholne ritterlîche
5 er mich dicke von im sande.
sô ich von Munsalvæsche wande,
sîn insigel nam ich dâ
und vuortez ze Karkobrâ,
dâ sich sêwet der Plimizôl.
10 in dem bistuom ze Barbigôl
der burcgrâve mich dâ beriet
ûfz insigel, ê ich von im schiet,
knappen und ander koste
gein der wilden tjoste
15 und ûf ander ritterlîche vart.
des wart vil wênec von im gespart:
ich muoste al eine komen dar.
an der widerreise liez ich gar
bî im, swaz ich gesindes phlac:
20 ich reit, dâ Munsalvæsche lac.

nû hœre, lieber neve mîn.
dô mich der werde vater dîn
ze Sibilje alrêste sach,
balde er mîn ze bruoder jach
25 Herzeloiden sînem wîbe,
doch wart von sînem lîbe
mîn antlitze niemêr gesehen.
man muoste ouch mir vür wâr dâ jehen,
daz nie schœner mannes bilde wart:
30 dannoch was ich âne bart.

498

in mîne herberge er vuor.
vür dise rede ich dicke swuor
manegen ungestabeten eit.
dô er mich sô vil ane gestreit,
5 verholne ichz im dô sagete,
des er vreude vil bejagete.
er gap sîn kleinœte mir:
swaz ich im gap, daz was sîn gir.
mîne kefsen, die dû sæhe ê,
10 (diust noch grüener denne der klê)
hiez ich würken ûz einem steine,
den mir gap der reine.
sînen neven er mir ze knehte liez,
Îthêren, den sîn herze hiez,
15 daz aller valsch an im verswant,
den künec von Kukûmerlant.
wir mohten vart niht langer sparn,
wir muosten von ein ander varn:
er kêrte, dâ der bâruc was,
20 und ich vuor vür den Rôhas.
    ûz Zilje ich vür den Rôhas reit,
drî mântage ich dâ vil gestreit:
mich dûhte, ich hete dâ wol gestriten.
dar nâch ich schierest kom geriten
25 in die wîten Gandîne,
dâ nâch der ane dîne
Gandîn wart genennet.
dâ wart Îthêr bekennet.

diu selbe stat liget aldâ,
30 dâ diu Greiân in die Trâ,
499 mit golde ein wazzer, rinnet.
dâ wart Îthêr geminnet:
dîne basen er dâ vant.
diu was vrouwe überz lant:
5 Gandîn von Anschouwe
hiez si dâ wesen vrouwe.
si heizet Lamîre:
sôstz lant genennet Stîre.
swer schiltes ammet üeben wil,
10 der muoz durchstrîchen lande vil.
nû riuwet mich mîn knappe rôt,
durch den si mir grôz êre bôt.
von Îthêren dû bist erborn.
dîn hant die sippe hât verkorn:
15 got hât ir niht vergezzen doch,
er kan si wol geprüeven noch.
wiltû gein gote mit triuwen leben,
sô soltû im wandel drumme geben.
mit riuwe ich dir daz künde,
20 dû treges zwuo grôze sünde:
Îthêren dû hâs erslagen,
dû solt ouch dîne muoter klagen.
ir grôziu triuwe daz geriet,
dîn vart si von dem leben schiet,
25 die dû jungest von ir tæte.
nû volge mîner ræte,
nim buoze vür missewende
und sorge et um dîn ende,
daz dir dîn arbeit hie erhol,
30 daz dort diu sêle ruowe dol.'
500 der wirt âne allez bâgen
begunde in vürbaz vrâgen:
'neve, noch hân ich niht vernomen,
wannen dir diz ors sî komen.'
5 'herre, daz ors ich erstreit,
dô ich von Sigûnen reit.

vor einer klôsen ich die sprach:
dar nâch ich vlügelingen stach
einen ritter drabe und zôch ez dan.
10 von Munsalvæsche was der man.'
der wirt sprach: 'ist aber der genesen,
des ez von rehte solde wesen?'
'herre, ich sach in vor mir gên
und vant daz ors bî mir stên.'
15 'wiltû sgrâles volc sus rouben
und dâ bî des gelouben,
dû gewinnes ir noch minne,
sô zweient sich die sinne.'
'herre, ich namz in einem strît.
20 swer mir dar um sünde gît,
der prüeve alrêst, wie diu stê.
mîn ors hete ich verlorn ê.'
dô sprach aber Parzivâl:
'wer was ein maget, diu den grâl
25 truoc? ir mantel lêch man mir.'
der wirt sprach: 'neve, was er ir,
diu selbe ist dîn muome.
si enlêch dirs niht ze ruome:
si wânde, dû soldes dâ herre sîn
30 des grâles und ir, dar zuo mîn.
501 dîn œheim gap dir ouch ein swert,
dâ mite dû sünden bist gewert,
sît daz dîn wol redender munt
dâ leider niht tet vrâge kunt:
5 die sünde lâ bî den andern stên.
wir suln ouch tâlanc ruowen gên.'
wênec wart in bette und kulter brâht:
si giengen et ligen ûf ein bâht.
daz leger was ir hôhen art
10 gelîche ninder dâ bewart.
sus was er dâ vünfzehen tage.
der wirt sîn phlac, als ich iu sage:
krût unde würzelîn
daz muoste ir bestiu spîse sîn.
15 Parzivâl die swære

truoc durch süeziu mære,
wande in der wirt von sünden schiet
und im doch ritterlîchen riet.
eins tages vrâcte in Parzivâl:
20 'wer was ein man, lac vor dem grâl?
der was al grâ bî liehtem vel.'
der wirt sprach: 'daz was Titurel.
der selbe ist dîner muoter ane.
dem wart alrêst des grâles vane
25 bevolhen durch schermens rât.
ein siechtuom, heizet pôgrât,
treget er, die leme helfelôs.
sîne varwe er iedoch nie verlôs,
wande er den grâl sô dicke siht,
30 dâ von er mac ersterben niht.
502   durch rât si hânt den betterisen.
in sîner jugent vürte und wisen
reit er vil durch tjostieren.
wiltû dîn leben zieren
5 und rehte werdeclîche varn,
sô muostû haz gein wîben sparn.
wîp und phaffen sint erkant,
die tragent unwerlîche hant:
sô reicht über phaffen gotes segen.
10 der sol dîn dienst mit triuwen phlegen
dar um, ob wirt dîn ende guot.
dû muost zen phaffen haben muot:
swaz dîn ouge ûf erden siht,
daz gelîchet sich dem priester niht.
15 sîn munt die marter sprichet,
diu unser vlust zebrichet.
ouch grîfet sîn gewîhtiu hant
an daz hœheste phant,
daz ie vür schult gesetzet wart:
20 swelh priester sich hât sô bewart,
daz er dem kiusche kan gegeben,
wie möhte der heileclîcher leben?'
diz was ir zweier scheidens tac.
Trevrezent sich des bewac,

25 er sprach: 'gip mir dîn sünde her
   (vor gote ich bin dîn wandels wer)
   und leiste, als ich dir hân gesaget.
   belîp des willen unverzaget.'
   von ein ander schieden sie:
30 ob ir welt, sô prüevet wie.

X.

  Ez næhet nû wilden mæren,
diu vreuden kunnen læren
und diu hôchgemüete bringent:
mit den beiden si ringent.

5   Nû was ez ouch über des jâres zît,
gescheiden was des kamphes strît,
den der lantgrâve zem Plimizôl
erwarp. der was ze Barbigôl
von Schamfanzûn gesprochen:
10 dâ beleip ungerochen
der künec Kingrisîn.
Vergulaht der sun sîn
kom gein Gâwâne dar:
dô nam diu werlt ir sippe war
15 und schiet den kamph ir sippe maht,
wande ouch der grâve Ehkunaht
ûf im die grôzen schulde truoc,
der man Gâwân zêch genuoc.
des verkôs Kingrimursel
20 ûf Gâwân den degen snel.
si vuoren beide sunder dan,
Vergulaht und Gâwân,
an dem selben mâle
durch vorschen nâch dem grâle,
25 aldâ si mit ir henden
manege tjoste muosten senden.
wan swer sgrâles gerte,
dô muoste mit dem swerte
sich dem prîse nâhen.

30 sus sol man prîses gâhen.
501 wiez Gâwâne komen sî,
der ie was missewende vrî,
sît er von Schamfanzûn geschiet,
ob sîn reise ûf strît geriet,
5 des jehen, diez dâ sâhen:
er muoz nû strîte nâhen.
eins morgens kom mîn her Gâwân
geriten ûf einen grüenen plân:
dâ sach er blicken einen schilt,
10 dâ was ein tjoste durch gezilt,
und ein phert, daz vrouwen gereite truoc.
des zoum und satel was tiur genuoc,
ez was gebunden vaste
ze dem schilte an einem aste.
15 dô dâhte er: 'wer mac sîn diz wîp,
diu alsus werlîchen lîp
hât, daz si schiltes phliget?
ob si sich strîts gein mir bewiget,
wie sol ich mich ir erwern?
20 ze vuoz trûwe ich mich wol ernern.
wil si die lenge ringen,
si mac mich nider bringen,
ich erwerbes haz oder gruoz.
sol dâ ein tjost ergên ze vuoz,
25 obz halt vrou Kamille wære,
diu mit ritterlîchem mære
vor Laurente prîs erstreit,
wære si gesunt, als si dort reit,
ez würde iedoch versuocht an sie,
30 ob si mir strîten büte alhie.'
505 der schilt was ouch verhouwen.
Gâwân begunde in schouwen,
dô er dar zuo was geriten:
der tjoste venster was gesniten
5 mit der glævîne wît.
alsus mâlet si der strît:
wer gültes den schiltæren,
ob ir varwe alsus wæren?

der linden grôz was der stam.
10 ouch saz ein vrouwe an vreuden lam
dâ hinder ûf grüenem klê:
der tet grôz jâmer alsô wê,
daz si der vreude gar vergaz.
er reit hin um gein ir baz.
15 ir lac ein ritter in der schôz,
dâ von ir jâmer was sô grôz.
    Gâwân sîn grüezen niht versweic,
diu vrouwe im dancte unde neic.
er vant ir stimme heise,
20 verschrît durch ir vreise.
dô erbeizte mîn her Gâwân.
dâ lac durchstochen ein man,
dem gienc daz bluot in den lîp.
dô vrâcte er des heldes wîp,
25 ob der ritter lebete
oder mit dem tôde strebete.
dô sprach si: 'herre, er lebet noch:
ich wæne, daz ist unlenge doch.
got sande iuch mir ze trôste her.
30 nû râtet nâch iuwer triuwen ger:
506   ir habet kummers mêr denne ich gesehen,
lât iuwern trôst an mir geschehen,
daz ich iuwer helfe schouwe.'
'ich tuon,' sprach er, 'vrouwe.
5 disem ritter wolde ich sterben wern,
ich trûte in harte wol ernern,
hete ich eine rœren.
sehen unde hœren
möhtet ir in dicke noch gesunt,
10 wan er ist niht ze verhe wunt:
daz bluot ist sînes herzen last.'
er begreif der linden einen ast,
er sleiz einen louft drabe als ein rôr
(er was zer wunden niht ein tôr):
15 den schoup er zer tjost in den lîp.
dô bat er sûgen daz wîp,
unz daz bluot gein ir vlôz.

des heldes kraft sich ûf entslôz,
daz er wol redete unde sprach.
20 dô er Gâwânen ob im ersach,
dô dancte er im sêre
und jach, er hete des êre,
daz er in schiede von unkraft,
und vrâcte in, ob er durch ritterschaft
25 wære komen dar gein Lôgrois.
'ich streich ouch verre von Punturtois
und wolde hie âventiur bejagen.
von herzen sol ich immer klagen,
daz ich sô nâhen geriten bin.
30 ir sultz ouch mîden, habet ir sin:

507 ich enwânde niht, daz ez kœme alsus.
Lischois Gwelljus
hât mich sêre geletzet
und hinderz ors gesetzet
5 mit einer tjoste rîche,
diu ergienc sô hurteclîche
durch mînen schilt und durch den lîp.
dô half mir ditze guote wîp
ûf ir phert an dise stat.'
10 Gâwânen er sêre belîben bat.
Gâwân sprach, er wolde sehen,
wâ im der schade dâ wære geschehen.
'liget Lôgrois sô nâhen,
mac ich in dâ vor ergâhen,
15 sô muoz er antwurten mir:
ich vrâge in, waz er ræche an dir.'
'des entuo niht' sprach der wunde man.
'der wârheit ich dir jehen kan:
dar engêt niht kinde reise,
20 ez mac wol heizen vreise.'
Gâwân die wunden verbant
mit der vrouwen houbetgewant,
er sprach zer wunden wunden segen.
er bat got man und wîbes phlegen.
25 er vant al bluotec ir slâ,
als ein hirz wære erschozzen dâ:

daz enliez niht irre in rîten.
er sach in kurzen zîten
Lôgrois die gehêrten.
30 vil liute mit lobe si êrten.
508 an der bürge lâgen lobes werc.
nâch trendeln mâze was ir berc:
swâ si verre sach der tumme,
er wânde, si liefe alumme.
5 der bürge man noch hiute giht,
daz gein ir sturmes hôrte niht:
si vorhte wênec solhe nôt,
swâ man hazzen gein ir bôt.
alum den berc lac ein hac,
10 des man mit edeln boumen phlac:
vîgenboume, grânât,
öl, wîn und ander rât,
des wuohs dâ ganziu rîcheit.
Gâwân die strâze al ûf hin reit:
15 dâ ersach er niderhalben sîn
vreude und sînes herzen pîn.
ein brunne ûz dem velse schôz:
dâ vant er, des in niht verdrôz,
eine alsô klâre vrouwen,
20 die er gerne muoste schouwen,
aller wîbes varwe ein bêâ flûrs.
âne Kondwîrâmûrs
wart nie geborn sô schœner lîp:
mit klârheit süeze was daz wîp,
25 wol geschicket und kurtois.
si hiez Orgelûse de Lôgrois.
ouch saget uns diu âventiur von ir,
si wære ein reizel minnen gir,
ougen süeze âne smerzen
30 und ein spansenewe des herzen.
509 Gâwân bôt ir sînen gruoz.
er sprach: 'ob ich erbeizen muoz
mit iuwern hulden, vrouwe,
ob ich iuch des willen schouwe,
5 daz ir mich gerne bî iu hât,

grôz riuwe mich bî vreuden lât,
sô enwart nie ritter mêr sô vrô.
mîn lîp muoz ersterben sô,
daz mir nimmer wîp gevellet baz.’
10 ‘daz ist et wol: nû weiz ich ouch daz.’
solh was ir rede, dô si an in sach.
ir süezer munt mêr dannoch sprach:
‘nû enlobet mich niht ze sêre.
ir emphâhets lîhte unêre:
15 ich enwil niht, daz ieslîch munt
gein mir tuo sîn prüeven kunt.
wære mîn lop gemeine,
daz hieze ein wirde kleine,
dem wîsen und dem tummen,
20 dem slehten und dem krummen:
wâ rihte ez sich danne vür?
nâch der werdekeite kür
ich sol mîn lop behalden,
daz es die wîsen walden.
25 ich enweiz niht, herre, wer ir sît.
iuwers rîtens wære von mir zît:
mîn prüeven lât iuch doch niht vrî.
ir sît mînem herzen bî
verre ûzerhalp, niht drinne.
30 gert ir mîner minne?
510   wie habet ir minne an mich erholt?
maneger sîniu ougen bolt,
er möhte si ûf einer slingen
ze senfterm wurfe bringen,
5 ob er sehen niht vermîdet,
daz im sîn herze snîdet.
lât walzen iuwer kranken gir
ûf ander minne danne ze mir,
dient nâch minne iuwer hant.
10 hât iuch âventiur gesant
nâch minne ûf ritterlîche tât,
des lônes ir an mir niht hât:
ir muget wol laster hie bejagen,
muoz ich iu die wârheit sagen.’

15   dô sprach er: 'vrouwe, ir saget mir wâr.
      mîn ougen sint des herzen vâr:
      die hânt an iuwerm lîbe ersehen,
      daz ich mit wârheit des muoz jehen,
      daz ich iuwer gevangen bin.
20   kêrt gein mir wîplîchen sin.
      swies iuch habe verdrozzen,
      ir habet mich în geslozzen:
      nû lœset oder bindet.
      des willen ir mich vindet,
25   hete ich iuch, swâ ich wolde,
      den wunsch ich gerne dolde.'
      si sprach: 'nû vüert mich mit iu hin.
      welt ir teilen den gewin,
      den ir mit minne an mir bejaget,
30   mit laster irz dâ nâch beklaget.
511   ich wesse gerne, ob ir der sît,
      der durch mich getorste lîden strît:
      daz verbert, bedurfet ir êre.
      solde ich iu râten mêre,
 5   spræchet ir denne der volge jâ,
      sô suochtet ir minne anderswâ.
      ob ir mîner minne gert,
      minne und vreude ir sît entwert.
      ob ir mich hinnen vüeret,
10   grôz sorge iuch dâ nâch rüeret.'
      dô sprach mîn her Gâwân:
      'wer mac minne ungedienet hân?
      muoz ich iu daz künden,
      der treget si hin mit sünden.
15   swem ist ze werder minne gâch,
      dâ hœret dienest vor und nâch.'
      si sprach: 'welt ir mir dienest geben,
      sô müezet ir werlîche leben
      und meget doch laster wol bejagen.
20   mîn dienst bedarf deheines zagen.
      vart jenen phat (ez ist niht ein wec)
      dort über jenen hôhen stec
      in jenen boumgarten.

mîns pherdes sult ir dâ warten.
25 dâ hœrt ir und sehet ir manege diet,
die tanzent und singent liet,
tambûren, floitieren.
swie si iuch kondewieren,
gêt durch si, dâ mîn phert dort stêt,
30 und lœsetz ûf: nâch iu ez gêt.'

512   Gâwân von dem orse spranc.
dô hete er manegen gedanc,
wie daz ors sîn erbite.
dem brunnen wonte ninder mite,
5 dâ erz geheften möhte.
er dâhte, ob daz töhte,
daz siz ze behalden næme,
ob im diu bete gezæme.
'ich sihe wol, wes ir angest hât'
10 sprach si. 'diz ors mir stên hie lât:
daz behalde ich, unz ir wider kumt.
mîn dienst iu dennoch vil kleine vrumt.'
dô nam mîn her Gâwân
den zügel von dem orse dan.
15 er sprach: 'nû habet mirz, vrouwe.'
'bî tumpheit ich iuch schouwe',
sprach si, 'wan dâ lac iuwer hant,
der grif sol mir sîn unbekant.'
dô sprach der minne gernde man:
20 'vrouwe, ich engreif nie vorne dran.'
'nû, dâ wil ichz emphâhen'
sprach si. 'nû sult ir gâhen
und brinct mir balde mîn phert.
mîner reise ir sît mit iu gewert.'
25 daz dûhte in vreudehaft gewin.
dô gâhte er balde von ir hin
über den stec zer porten în.
dâ sach er maneger vrouwen schîn
und manegen ritter jungen,
30 die tanzten unde sungen.

513   dô was mîn her Gâwân
sô gezimieret ein man,

daz ez si lêrte riuwe,
wande si heten triuwe,
5 die des boumgarten phlâgen.
si stuonden oder lâgen
oder sæzen in gezelten,
die vergâzen des vil selten,
si enklageten sînen kummer grôz.
10 man und wîp des niht verdrôz,
genuoge sprâchen, denz was leit:
'mîner vrouwen trügeheit
wil disen man verleiten
ze grôzen arbeiten.
15 ouwê, daz er ir volgen wil
ûf alsus riuwebæriu zil.'
manec wert man dâ gein im gienc,
der in mit armen ummevienc
durch vriuntlîch emphâhen.
20   dar nâch begunde er nâhen
einem ölboume: dâ stuont daz phert.
ouch was maneger marke wert
der zoum und sîn gereite.
mit einem barte breite,
25 wol gevlohten unde grâ
stuont dâ bî ein ritter dâ
über eine krücken geleinet.
von dem wart ez beweinet,
daz Gâwân zuo dem pherde gienc.
30 mit süezer rede er in doch emphienc.
514   der sprach: 'welt ir râtes phlegen,
ir sult dises pherdes iuch bewegen:
ez enwert iu doch niemen hie.
getâtet aber ir daz wægest ie,
5 sô sult irz phert hie lâzen.
mîn vrouwe sî verwâzen,
daz si sô manegen werden man.
von dem lîbe scheiden kan.'
Gâwân sprach, er enliezes niht
10 'ouwê des dâ nâch geschiht!'
sprach der grâwe ritter wert.

die halftern lôste er von dem phert.
er sprach: 'ir sult niht langer stên:
lât diz phert nâch iu gên.
15 des hant daz mer gesalzen hât,
der gebe iu vür kummer rât.
hüetet, daz iuch iht gehœne
mîner vrouwen schœne,
wan diu ist bî der süeze al sûr,
20 rehte als ein sunnenblicker schûr.'
'nû waldes got' sprach Gâwân.
urloup nam er zem grâwen man:
alsô tet er hie und dort.
si sprâchen alle klagendiu wort.
25   daz phert gienc einen smalen wec
zer porten ûz nâch im ûf den stec.
sîns herzen voget er dâ vant:
diu was vrouwe über daz lant.
swie sîn herze gein ir vlôch,
30 vil kummers si im doch drîn gezôch.

515   si hete mit ir hende
underm kinne daz gebende
hin ûf daz houbet geleget.
kamphbæriu lide treget
5 ein wîp, die man vindet sô:
diu wære vil lîhte eins schimphes vrô.
waz si ander kleider trüege?
ob ich nû des gewüege,
daz ich prüeven solde ir wât?
10 ir liehter blic mich des erlât.
dô Gâwân zuo der vrouwen gienc,
ir süezer munt in sus emphienc.
si sprach: 'weset willekomen, ir gans.
nie man sô grôze tumpheit dans,
15 ob ir mich dienstes welt gewern.
ouwê, wie gerne irz möht verbern!'
er sprach: 'ist iu zornes gâch,
dâ hœrt iedoch genâde nâch.
sît ir strâfet mich sô sêre,
20 ir habet ergetzens êre.

die wîle mîn hant iu dienest tuot,
unz ir gewinnet lônes muot.
welt ir, ich hebe iuch ûf diz phert.'
si sprach: 'des hân ich niht gegert.
25 iuwer unversichert hant
mac grîfen wol an smæher phant.'
   hin um von im si sich swanc,
von den bluomen ûf daz phert si spranc.
si bat in, daz er rite vür.
30 'ez wære et schade, ob ich verlür
516   sus ahtbæren gesellen'
sprach si: 'got müeze iuch vellen!'
swer nû des wil volgen mir,
der mîde valsche rede gein ir.
5 niemen sich verspreche,
er enwizze ê, waz er reche,
unz er gewinne künde,
wiez um ir herze stüende.
ich kunde ouch wol gerechen dar
10 gein der vrouwen wol gevar,
swaz si hât gein Gâwân
in ir zorne missetân
oder daz si noch getuot gein im:
die râche ich alle von ir nim.
15   Orgelûse diu rîche
vuor ungeselleclîche:
zuo Gâwân si kom geriten
mit alsô zornlîchen siten,
daz ich michs wênec trôste,
20 daz si mich von sorgen lôste.
si riten dannen beide
ûf eine liehte heide:
ein krût dâ stênde Gâwân sach,
des würze er wunden helfe jach.
25 dô erbeizte der werde
nider zuo der erde,
er gruop si, wider ûf er saz.
diu vrouwe ir rede ouch niht vergaz,
si sprach: 'kan der geselle mîn

   30 arzet unde ritter sîn?
517   er mac sich harte wol bejagen,
       gelernt er bühsen veile tragen.'
       zer vrouwen sprach Gâwânes munt:
       'ich reit vür einen ritter wunt,
    5 des dach ist ein linde.
       ob ich den noch vinde,
       disiu wurz sol in wol ernern
       und al sîn unkraft erwern.'
       si sprach: 'daz sihe ich gerne.
   10 waz ob ich kunst gelerne?'
          dô vuor in balde ein knappe nâch,
       dem was zer botschefte gâch,
       die er werben solde.
       Gâwân sîn beiten wolde:
   15 dô dûhte er in ungehiure.
       Malkrêâtiure
       hiez der knappe fiere.
       Kundrîe la surziere
       was sîn swester wol getân:
   20 er muoste ir antlitze hân
       gar, wan daz er was ein man.
       im stuont ouch ietweder zan
       als einem eber wilde,
       ungelîch menschen bilde.
   25 im was daz hâr ouch niht sô lanc,
       als ez Kundrîen ûf den mûl dort swanc:
       kurz, scharph als igels hût ez was.
       bî dem wazzer Ganjas
       in dem lande ze Tribalibôt
   30 wahsent liute alsus durch nôt.
518   unser vater Adâm,
       die kunst er von gote nam,
       er gap allen dingen namen,
       beidiu wilden unde zamen.
    5 er erkande ouch ieslîches art,
       dar zuo der sterne ummevart,
       der siben plânêten,
       waz die krefte hêten,

er erkande ouch aller würze maht
10 und waz ieslîcher was geslaht.
dô sîniu kint der jâre kraft
gewunnen, daz si berhaft
wurden menneschlîcher vruht,
er widerriet in ungenuht,
15 swâ sîner tohter keiniu truoc.
vil dicke er des gein in gewuoc,
den rât er selten gein in liez,
vil würze er si mîden hiez,
die menschen vruht verkêrten
20 und sîn geslehte unêrten,
'anders denne got uns maz,
dô er ze werke über mich gesaz'
sprach er. 'mîniu lieben kint,
nû sît an sælekeit niht blint.'
25 diu wîp tâten et als wîp.
etslîcher geriet ir brœder lîp,
daz si diu werc volbrâhte,
des ir herzen gir gedâhte:
sus wart verkêrt diu mennescheit.
30 daz was iedoch Adâme leit,
519   doch engezwîvelte nie sîn wille.
    diu künegîn Sekundille,
die Feirefîz mit ritters hant
erwarp, ir lîp und ir lant,
5 diu hete in ir rîche
harte unlougenlîche
von alter dar der liute vil
mit verkêrtem antlitzes zil:
si truogen vremdiu wilden mâl.
10 dô sagete man ir um den grâl,
daz ûf erde niht sô rîches was,
und des phlæge ein künec, hieze Amfortas.
daz dûhte si wunderlîch genuoc,
wan vil wazzer in ir lant truoc
15 vür den griez edel gesteine.
grôz, niht ze kleine,
hete si gebirge guldîn.

dô dâhte diu edel künegîn:
'wie gewinne ich künde dises man,
20 dem der grâl ist undertân?'
si sande ir kleinœte dar,
zwei mensche wunderlîch gevar,
Kundrîen und ir bruoder klâr.
si sande im mêr dennoch vür wâr,
25 daz niemen möhte vergelten:
man vündez veile selten.
dô sande der süeze Amfortas,
wande er et ie vil milte was,
Orgelûsen de Lôgrois
30 disen knappen kurtois.
520 von wîbes gir ein underscheit
in schiet von der mennescheit.
    der würze und der sterne mâc
huop gein Gâwân grôzen bâc.
5 der hete sîn ûf dem wege erbiten.
Malkrêâtiure kom geriten
ûf einem runzîde kranc,
daz von leme an allen vieren hanc:
ez strûchte dicke ûf die erde.
10 vrou Jeschûte diu werde
iedoch ein bezzer phert reit
des tages, dô Parzivâl erstreit
ab Orilus ir die hulde.
die verlôs si âne alle ir schulde.
15 der knappe an Gâwânen sach,
Malkrêâtiure mit zorne sprach:
'herre, sît ir von ritters art,
sô möhtet irz gerne hân bewart:
ir dunket mich ein tummer man,
20 daz ir mîne vrouwen vüeret dan.
ouch werdet irs underwîset,
daz man iuch drum prîset,
ob sichs erwert iuwer hant.
sît aber ir ein sarjant,
25 sô werdet ir gâlûnt mit staben,
daz irs gerne wandel möhtet haben.'

Gâwân sprach: 'mîn ritterschaft
erleit nie solher zühte kraft.
sus sol man walken gampelher,
30 die niht sint mit manlîcher wer:
521 ich bin noch ledec vor solhem pîn.
welt aber ir und diu vrouwe mîn
mir smæhe rede bieten,
ir müezet iuch eine nieten,
5 daz ir wol meget vür zürnen hân.
swie vreissam ir sît getân,
ich enbære doch sanfte iuwer drô.'
Gâwân in bî dem hâre dô
begreif und swanc in underz phert.
10 der knappe wîs unde wert
vorhtlîche wider sach.
sîn igelmæzec hâr sich rach:
daz versneit Gâwân sô die hant,
diu wart von bluote al rôt erkant.
15 des lachete diu vrouwe.
si sprach: 'vil gerne ich schouwe
iuch zwêne sus mit zornes site.'
si kêrten dan, daz phert lief mite.
si kômen, dâ si vunden
20 ligen den ritter wunden.
mit triuwen Gâwânes hant
die wurz ûf die wunden bant.
der wunde sprach: 'wie ergienc ez dir,
sît daz dû schiede hie von mir?
25 dû hâs eine vrouwen brâht,
diu dîns schaden hât gedâht.
von ir schulden ist mir sô wê:
in Estroite Voie ê
half si mir scharpher tjoste
30 ûf slîbes und guotes koste.
522 wellestû behalden dînen lîp,
sô lâ diz trügehafte wîp
rîten unde kêr von ir.
nû prüeve selbe ir rât an mir.
5 doch möhte ich harte wol genesen,

ob ich bî ruowe solde wesen.
des hilf mir, getriuwer man.’
dô sprach mîn her Gâwân:
‘nim aller mîner helfe wal.’
10 ‘hie nâhen stêt ein spitâl’
alsô sprach der ritter wunt:
‘kœme ich dar in kurzer stunt,
dâ möhte ich ruowen lange zît.
mîner vriundîn runzît
15 habe wir noch stênde al starkez hie:
nû hebe si drûf, mich hinder sie.’
dô bant der wol geborne gast
der, vrouwen phert von dem ast:
er woldez ziehen nâher ir.
20 der wunde sprach: ‘hin dan von mir!
wiest iuch tretens mich sô gâch?’
er zôchz ir verre: diu vrouwe gienc nâch,
sanfte und doch niht drâte.
al nâch ir mannes râte
25 Gâwân ûf daz phert si swanc.
innen des der wunde ritter spranc
ûf Gâwânes kastelân:
ich wæne, daz was missetân.
er und sîn vrouwe riten hin.
30 daz was ein sündehaft gewin.
523   Gâwân daz klagete sêre:
diu vrouwe es lachte mêre,
denne inder schimphes in gezam.
sît man im daz ors genam,
5 ir süezer munt hin zim dô sprach:
‘vür einen ritter ich iuch sach,
dar nâch in kurzen stunden
wurdet ir arzet vür die wunden:
nû müezet ir ein garzûn wesen.
10 sol iemen sîner kunst genesen,
sô trœstet iuch iuwer sinne.
gert ir noch mîner minne?’
‘jâ, vrouwe’ sprach her Gâwân:
‘möhte ich iuwer minne hân,

15 diu wære mir lieber danne iht.
   ez enwont ûf erde nihtes niht
   under krône und alle, die krône tragent
   und die vreudehaften prîs bejagent,
   der gein iu teilte ir gewin,
20 sô rætet mir mîns herzen sin,
   daz ichz in lâzen solde.
   iuwer minne ich haben wolde.
   mac ich der niht erwerben,
   sô muoz ein sûrez sterben
25 sich schiere an mir erzeigen.
   ir wüestet iuwer eigen:
   ob ich vrîheit ie gewan,
   ir sult mich doch vür eigen hân.
   daz dunkt mich iuwer ledec reht.
30 nû nennet mich ritter oder kneht,
524   garzûn oder vilân:
   swaz ir spottes hât gein mir getân,
   dâ mite ir sünde emphâhet,
   ob ir mîn dienest smâhet.
 5 solde ich dienstes geniezen,
   iuch möhte spottes verdriezen.
   ob ez mir nimmer würde leit,
   ez krenkt doch iuwer werdekeit.'
       wider zuo zin reit der wunde man.
10 dô sprach er: 'bistûz Gâwân?
   hâstû iht geborget mir,
   daz ist nû gar vergolten dir.
   dô mich dîn manlîchiu kraft
   vienc in herter ritterschaft
15 und dô dû bræhte mich ze hûs
   dînem œheim Artûs,
   vier wochen er des niht vergaz:
   die zît ich mit den hunden az.'
   dô sprach er: 'bistûz Ûrjans?
20 ob dû mir nû schaden gans,
   den trage ich âne schulde:
   ich erwarp dir sküneges hulde.
   ein swach sin half dir unde riet:

von schiltes ammet man dich schiet
25 und sagete dich gar rehtlôs,
durch daz ein maget von dir verlôs
ir reht, dar zuo des landes vride.
der künec Artûs mit einer wide
woldez gerne hân gerochen,
30 hete ich dich niht versprochen.'
525 'swaz dort geschach, dû stês nû hie.
dû hôrtes ouch vor dir sprechen ie,
swer dem andern half, daz er genas,
daz er sîn vîent dâ nâch was.
5 ich tuon als die bî witzen sint.
sich vüeget baz, ob weint ein kint
denne ein bartehter man.
ich wil diz ors al eine hân.'
mit sporn erz vaste von im reit.
10 daz was doch Gâwâne leit.
    der sprach zer vrouwen: 'ez kom alsô.
der künec Artûs der was dô
in der stat ze Dîanazdrûn,
mit im dâ manec Bertûn.
15 dem was ein vrouwe dar gesant
durch botschaft in sîn lant.
ouch was der ungehiure
ûz komen durch âventiure.
er was gast und si gestin.
20 dô geriet im sîn kranker sin,
daz er mit der vrouwen ranc
nâch sînem willen âne ir danc:
hin ze hove kom daz geschrei.
der künec rief lûte 'heiâ hei!'
25 diz geschach vor einem walde.
dar gâhte wir alle balde,
ich vuor den andern verre vor
und begreif des schuldehaften spor:
gevangen vuorte ich wider dan
30 vür den künec disen man.
526 diu juncvrouwe reit uns mite.
riuwebærec was ir site,

durch daz ir hête genomen,
der nie was in ir dienest komen,
5 ir kiuscheclîchen magetuom.
ouch bezalte er dâ vil kleinen ruom
gein ir unwerlîchen hant.
mînen herren si mit zorne vant,
Artûsen den getriuwen.
10 er sprach: 'die werlt sol immer riuwen
dirre vermaldîte mein.
ouwê, daz ie der tac erschein,
bî des liehte disiu nôt geschach,
und dâ man mir gerihtes jach
15 und dâ ich hiute rihtære bin.'
er sprach zer vrouwen: 'habet ir sin,
nemt vürsprechen unde klaget.'
diu vrouwe was des unverzaget,
si tet, als ir der künec riet.
20 dâ stuont von rittern grôziu diet.
   Ûrjans der vürste ûz Punturtois
der stuont dâ vor dem Bertenois
ûf al sîn êre und ûf den lîp.
vür gienc daz klagehafte wîp,
25 dâz rîche und arme hôrten.
si bat mit klagenden worten
den künec durch alle wîpheit,
daz er im lieze ir laster leit
sîn, und durch magetuomlîch êre.
30 si bat in vürbaz mêre
527 durch der tavelrunder art
und durch der botschefte vart,
als si wære an in gesant,
wære er ze rihtære erkant,
5 daz er denne rihte ir swære.
durch gerihtes mære
si bat der tavelrunder schar
alle ir rehtes nemen war,
sît daz ir wære ein roup genomen,
10 der nimmer möhte wider komen,
ir magetuom kiusche reine,

daz si al gemeine
den künec gerihtes bæten
und an ir rede træten.
15 vürsprechen nam der schuldec man.
dem ich nû kranker êren gan,
der werte in, als er mohte.
diu wer im doch niht tohte:
man verteilte imz leben und sînen prîs
20 und daz man winden solde ein rîs,
dar an im sterben würde erkant
âne bluotege hant.
   er rief mich ane (des twanc in nôt)
und mante mich des, daz er mir bôt
25 sicherheit durch genesen.
ich vorhte âne alle mîn êre wesen,
ob er verlür dâ sînen lîp.
ich bat daz klagehafte wîp,
sît si mit ir ougen sach,
30 daz ich si manlîche rach,

528   daz si durch wîbes güte
senfte ir gemüete,
sît daz si müeste ir minne jehen,
swaz ir dâ was von im geschehen,
5 und ir klârem lîbe,
'und ob ie man von wîbe
mit dienste kœme in herzenôt,
ob si im dâ nâch ir helfe bôt,
der helfe tuot ez zêren,
10 lât iuch von zorne kêren.'
ich bat den künec und sîne man,
ob ich im hête getân
deheinen dienst, daz ers gedæhte,
daz er mir lasters æhte
15 mit einem site werte,
daz er den ritter nerte.
sîn wîp die küneginne
bat ich durch sippe minne,
wande mich der künec von kinde zôch
20 und daz mîn triuwe ie gein ir vlôch,

daz si mir hülfe. daz geschach,
diu juncvrouwe si sunder sprach:
dô genas er durch die künegîn.
er muoste aber lîden hôhen pîn.
25 sus wart sîn lîp gereinet,
solh wandel im bescheinet:
ez wære vorlouft oder leithunt,
ûz einem troge az sîn munt
mit in dâ vier wochen.
30 sus wart diu vrouwe gerochen.

529   vrouwe, daz ist sîn râche ûf mich.'
   si sprach: 'sich twirhet sîn gerich.
ich enwirde iu lîhte nimmer holt:
doch emphæhet er drum alsolhen solt,
5 ê er scheide von mînem lande,
des er jehen mac vür schande.
sît ez der künec dort niht rach,
aldâz der vrouwen dâ geschach,
und ez sich hât an mich gezoget,
10 ich bin nû iuwer beider voget
und enweiz doch, wer ir beidiu sît.
er muoz dar um emphâhen strît,
durch die vrouwen eine
und durch iuch harte kleine.
15 man sol unvuoge rechen
mit slahen und mit stechen.'
   Gâwân zuo dem pherde gienc,
mit lîhtem sprunge erz doch gevienc.
dâ was der knappe komen nâch,
20 ze dem diu vrouwe heidensch sprach
al daz si wider ûf enbôt.
nû næhet ouch Gâwânes nôt.
Malkrêâtiure ze vuoz vuor dan.
dô gesach ouch mîn her Gâwân
25 des juncherren runzît.
daz was ze kranc ûf einen strît:
ez hete der knappe dort genomen,
ê er von der halden wære komen,
einem vilâne.

30 dô geschach ez Gâwâne

530   vür sîn ors ze behalden:
des geltes muoste er walden.
si sprach hin zim, ich wæne durch haz:
'saget an, welt ir iht vürbaz?'
5 dô sprach mîn her Gâwân:
'mîn vart von hinnen wirt getân
al nâch iuwerm râte.'
si sprach: 'der kumt iu spâte.'
'nû diene ich iu doch drumme.'
10 'des dunket ir mich der tumme:
welt ir daz niht vermîden,
sô müezet ir von den blîden
kêren gein der riuwe.
iuwer kummer wirt al niuwe.'
15 dô sprach der minnen gernde:
'ich bin iuch dienstes wernde,
ich emphâhes vreude oder nôt,
sît iuwer minne mir gebôt,
daz ich muoz ziuwerm gebote stên,
20 ich mege rîten oder gên.'
al stênde bî der vrouwen
daz marc begunde er schouwen:
daz was ze dræter tjoste
ein harte krankiu koste,
25 diu stîcleder von baste.
dem edeln werden gaste
was eteswenne gesatelt baz.
ûf sitzen meit er umme daz,
er vorhte, daz er zetræte
30 des satels gewæte.

531   dem pherde was der rücke krump:
wære drûf ergangen dâ sîn sprunc,
im wære der rücke gar zevarn.
daz muoste er allez dô bewarn:
5 es hete in eteswenne bevilt.
er zôch ez unde truoc den schilt
und eine glævîne.
sîner scharphen pîne

diu vrouwe sêre lachte,
10 diu im vil kummers machte.
sînen schilt er ûf daz phert bant.
si sprach: 'vüert ir krâmgewant
in mînem lande veile?
wer gap mir ze teile
15 einen arzet und eins krâmes phlege?
hüetet iuch vor zolle ûf dem wege:
etslîch mîn zolnære
iuch sol machen vreuden lære.'
ir scharphiu saliure
20 in dûhte sô gehiure,
daz er enruochte, waz si sprach,
wan immer swenne er an si sach,
sô was sîn phant ze riuwe quît.
si was im rehte ein meien zît,
25 vor allem blicke ein flôrî,
ougen süeze und sûr dem herzen bî.
sît vlust und vinden an ir was
und des siechiu vreude wol genas,
daz vrumte in zallen stunden
30 ledec und sêre gebunden.
532   manec mîn meister sprichet sô,
daz Âmor und Cupîdô
und der zweier muoter Vênus
den liuten minne geben alsus,
5 mit geschôze und mit viure.
diu minne ist ungehiure.
swem herzenlîchiu triuwe ist bî,
der wirt nimmer minnen vrî,
mit vreude, etswenne mit riuwe.
10 reht minne ist wâriu triuwe.
Cupîdô, dîn strâle
mîn misset zallem mâle:
alsô tuot des hern Âmors gêr.
sît ir zwêne ob minnen hêr
15 und Vênus mit ir vackeln heiz,
um solhen kummer ich niht weiz.
sol ich der wâren minne jehen,

diu muoz durch triuwe mir geschehen.
hülfen mîne sinne
20 iemen iht vür minne,
hern Gâwân bin ich wol sô holt,
dem wolde ich dienen âne solt.
er ist doch âne schande,
liget er in minnen bande.
25 ob in diu minne rüeret,
diu starke wer zevüeret,
er was doch ie sô werlîch,
der werden wer alsô gelîch,
daz niht twingen solde ein wîp
30 sînen werlîchen lîp.

533   lât nâher gên, her minnen druc.
ir tuot der vreude alsolhen zuc,
daz sich dürkelt vreuden stat
und bant sich der riuwen phat.
5 sus breitet sich der riuwen slâ:
gienge ir reise anderswâ
danne in des herzen hôhen muot,
daz diuhte mich gein vreuden guot.
ist minne ir unvuoge balt?
10 dar zuo dunket si mich zalt.
oder giht sis ûf ir kintheit,
swem si vüeget herzeleit?
unvuoge gan ich baz ir jugent,
denne daz si ir alter bræche tugent..
15 vil dinges ist von ir geschehen:
wederhalp sol ich des jehen?
wil si mit jungen ræten
ir alden site unstæten,
sô wirt si schiere an prîse laz.
20 man sol sis underscheiden baz.
lûter minne ich prîse
und alle, die sint wîse,
ez sî wîp oder man,
von den ichs ganze volge hân.
25 swâ liep gein liebe erhüebe
lûter âne trüebe,

der enwederz des verdrüzze,
daz minne ir herze slüzze
mit minne, von der wanc ie vlôch,
30 diu minne ist ob den andern hôch.
534 swie gerne ich in næme dan,
doch mac mîn her Gâwân
der minne des niht entwenken,
si enwelle in vreude krenken.
5 waz hilfet denne mîn underslac?
swaz ich dâ von gesprechen mac,
wert man sol sich niht minne wern,
wan den muoz minne helfen nern.
   Gâwân durch minne arbeite emphienc.
10 sîn vrouwe reit, ze vuoz er gienc.
Orgelûse und der degen balt
die kômen in einen grôzen walt:
dennoch muoste er gêns wonen.
er zôch daz phert zuo zeinem ronen:
15 sîn schilt, der ê drûfe lac,
des er durch schiltes ammet phlac,
nam er ze halse, ûfz phert er saz.
ez truoc in kûme vürbaz,
anderhalben ûz in erbûwen lant.
20 eine burc er mit den ougen vant:
sîn herze und diu ougen jâhen,
daz si erkanden noch gesâhen
deheine burc nie der gelîch.
si was alumme ritterlîch:
25 türne unde palas
manegez ûf der bürge was.
dar zuo muoste er schouwen
in den venstern manege vrouwen.
der was vier hundert oder mêr,
30 viere under in von arte hêr.
535 von passâschen ungeverte grôz
gienc an ein wazzer, daz dâ vlôz,
schifrech, snel unde breit.
dâ engein er und diu vrouwe reit,
5 an dem urvar ein anger lac,

dar ûfe man vil tjoste phlac.
überz wazzer stuont daz kastel.
   Gâwân der degen snel
sach einen ritter nâch im varn,
10 der schilt noch sper niht kunde sparn.
Orgelûse diu rîche
sprach hôchvartlîche:
'ob mirs iuwer munt vergiht,
sô briche ich mîner triuwe niht.
15 ich hetes iu ê sô vil gesaget,
daz ir vil lasters hie bejaget:
nû wert iuch, ob ir kunnet wern.
iuch enmac anders niht ernern.
der dort kumt, iuch sol sîn hant
20 sô vellen, ob iu ist zetrant
inder iuwer niderkleit,
daz lât iu durch die vrouwen leit
sîn, die ob iu sitzent und sehent.
waz ob die iuwer laster spehent?'
25 des schiffes meister über her
kom durch Orgelûsen ger:
von dem lande inz schif si kêrte,
daz Gâwânen trûren lêrte.
diu rîche und wol geborne
30 sprach wider ûz mit zorne:
536 'ir enkomt niht zuo mir dâ her în:
ir müezet phant dort ûze sîn.'
er sprach ir trûreclîchen nâch:
'vrouwe, wiest iu von mir sô gâch?
5 sol ich iuch immer mêr gesehen?'
si sprach: 'iu mac der prîs geschehen,
ich state iu sehens noch an mich.
ich wæne, daz sêre lenget sich.'
diu vrouwe schiet von im alsus.
10   hie kom Lischois Gwelljus.
sagete ich iu nû, daz der vlüge,
mit der rede ich iuch betrüge:
er gâhte aber anders sêre,
daz es daz ors hete êre

15 (wan daz erzeicte snelheit),
über den grüenen anger breit.
dô dâhte mîn her Gâwân:
'wie sol ich beiten dises man?
wederz mac daz wæger sîn?
20 ze vuoz oder ûf dem pherdelîn?
wil er vollîch an mich varn,
daz er den poinder niht kan sparn,
er sol mich nider rîten.
wes mac sîn ors dâ bîten,
25 ez enstrûche ouch über daz runzît?
wil er mir denne bieten strît,
aldâ wir beide sîn ze vuoz,
ob mir halt nimmer würde ir gruoz,
diu mich dises strîtes hât gewert,
30 ich gibe im strît, ob er des gert.'
537   nû, diz was unwendec.
der komende was genendec:
alsô was ouch, der dâ beite.
zer tjost er sich bereite:
5 dô sazte er die glævîn
vorne ûf des satels vilzelîn,
des Gâwân vor hete erdâht.
sus wart ir beider tjoste brâht:
diu tjost ieweder sper zebrach,
10 daz man die helde ligen sach.
dô strûchte der baz geriten man,
daz er und mîn her Gâwân
ûf den bluomen lâgen.
wes si dô beide phlâgen?
15 ûf springens mit den swerten.
si beide strîtes gerten.
die schilte wâren unvermiten:
die wurden alsô hin gesniten,
ir beleip in lützel vor der hant,
20 wan der schilt ist immer strîtes phant.
man sach dâ blicke und helmes viur.
ir megets im jehen vür âventiur,
swen got den sic dan læzet tragen:

der muoz vil prîses ê bejagen.
25 sus tûrten si mit strîte
ûf des angers wîte:
es wæren müede zwêne smide,
ob si halt heten starker lide,
von alsô manegem grôzen slage.
30 sus rungen si nâch prîses bejage.
538 wer solde si drum prîsen,
daz die unwîsen
striten âne schulde,
niwan durch prîses hulde
5 (si enheten niht ze teilen)
âne nôt ir leben ze veilen?
ietweder ûf den andern jach,
daz er die schulde nie gesach.
    Gâwân kunde ringen
10 und mit dem swanke twingen:
swem er daz swert undergienc
und in mit armen zim gevienc,
den twanc er, swes er wolde.
sît er sich wern solde,
15 dô gebârte er werlîche.
der werde muotes rîche
begreif den jungen ellenthaft,
der ouch hete manlîche kraft:
er warf in balde under sich.
20 er sprach hin zim: 'helt, nû gich,
wellestû genesen, sicherheit.'
der bete volge unbereit
was Lischois, der dâ unden lac,
wande er nie sicherheit gephlac.
25 daz dûhte in wunderlîch genuoc,
daz iemen die hant getruoc,
diu in solde überkomen,
daz nie wart von im genomen,
betwungenlîchiu sicherheit,
30 der sîn hant ê vil erstreit.
539 swiez dâ was ergangen,
er hete vil emphangen,

des er niht vürbaz wolde geben:
vür sicherheit bôt er sîn leben
5 und jach, swaz im geschæhe,
daz er niemêr verjæhe
sicherheit durch twingen.
mit dem tôde wolde er dingen.
   dô sprach der unde ligende:
10 ʻbistû nû der gesigende?
des phlac ich, dô got wolde
und ich prîs haben solde:
nû hât mîn prîs ein ende
von dîner werden hende.
15 swâ vreischet man oder wîp,
daz überkomen ist mîn lîp,
des prîs sô hôhe ê swebete enbor,
sô stêt mir baz ein sterben vor,
ê mîne vriunt diz mære
20 sol machen vreuden lære.ʼ
Gâwân warp sicherheit an in:
dô stuont sîn gir und al sîn sin
niwan ûf des lîbes verderben
oder ûf ein gæhez sterben.
25 dô dâhte mîn her Gâwân:
ʻdurch waz tœte ich disen man?
wolde er sus ze mînem gebote stên,
gesunt lieze ich in hinnen gên.ʼ
mit rede warp erz an in sô:
30 daz enwart niht gar geleistet dô.
540   ûf liez er doch den wîgant
âne gesicherte hant.
ietweder ûf die bluomen saz.
   Gâwân sîns kummers niht vergaz,
5 daz sîn phert was sô kranc:
den wîsen lêrte sîn gedanc,
daz er daz ors mit sporn rite,
unz er versuochte sînen site.
daz was gewâpent wol vür strît:
10 phellel unde samît
was sîn ander kovertiur.

sît erz erwarp mit âventiur,
durch waz solde erz nû rîten niht,
sît ez ze rîten im geschiht?
15 er saz drûf: dô vuor ez sô,
sîner wîten sprünge er was al vrô.
dô sprach er: 'bistûz Gringuljete,
daz Ûrjans mit valscher bete,
er weiz wol wie, an mir erwarp,
20 dâ von iedoch sîn prîs verdarp?
wer hât dich sus gewâpent sider?
ob dûz bist, got hât dich wider
mir schône gesendet,
der dicke kummer wendet.'
25 er erbeizte drabe, ein marc er vant:
des grâles wâpen was gebrant,
ein turteltûbe, an sînen buoc.
Lehelîn zer tjoste sluoc
drûf den von Prienlaschors.
30 Oriluse wart diz ors,
541 der gap ez Gâwâne
ûf dem Plimizôles plâne.
hie kom sîn trûrec güete
aber wider in hôchgemüete,
5 wan daz in twanc ein riuwe
und dienestbæriu triuwe,
die er nâch sîner vrouwen truoc.
diu im doch smæhe erbôt genuoc,
nâch der jagete in sîn gedanc.
10 innen des der stolze Lischois spranc,
dâ er ligen sach sîn eigen swert,
daz Gâwân der degen wert
mit strîte ûz sîner hende brach.
manec vrouwe ir ander strîten sach.
15 die schilte wâren sô gedigen,
ieweder liez den sînen ligen
und gâhten sus ze strîte.
ietweder kom bezîte
mit herzenlîcher mannes wer.
20 ob in saz vrouwen ein her

in den venstern ûf dem palas
und sâhen kamph, der vor in was.
dô huop sich êrste niuwer zorn:
ietweder was sô hôch geborn,
25 daz sîn prîs unsanfte leit,
ob in der ander überstreit.
helme und ir swert diu liten nôt:
diu wâren ir schilte vür den tôt.
swer dâ der helde strîten sach,
30 ich wæne, ers in vür kummer jach.
542   Lischois Gwelljus
der junge süeze warp alsus:
vrecheit und ellenthaftiu tât,
daz was sîns hôhen herzen rât.
5 er vrumte manegen snellen swanc.
dicke er von Gâwâne spranc
und aber wider sêre ûf in.
Gâwân truoc stætlîchen sin,
er dâhte: ʻergrîfe ich dich ze mir,
10 ich sols vil gar gelônen dir.ʼ
man sach dâ viurs blicke
und diu swert ûf werfen dicke
ûz ellenthaften henden.
si begunden ein ander wenden
15 neben, vür und hinder sich.
âne nôt was ir gerich:
si möhtenz âne strîten lân.
dô begreif in mîn her Gâwân,
er warf in under sich mit kraft.
20 mit halsen solh geselleschaft
müeze mich vermîden:
ich enmöhte ir niht erlîden.
      Gâwân bat sicherheite:
der was als unbereite
25 Lischois, der dâ unden lac,
als dô er von êrste strîtes phlac.
er sprach: ʻdû sûmes dich âne nôt.
vür sicherheit gibe ich den tôt:
lâz enden dîne werden hant,

30 swaz mir ie prîses wart bekant.
543 vor gote ich bin vervluochet,
mîns prîses er nimmer ruochet.
durch Orgelûsen minne,
der edeln herzoginne,
5 muoste mir manec werder man
sînen prîs ze mînen handen lân:
dû maht vil prîses erben,
ob dû mich kans ersterben.'
dô dâhte des künec Lôtes sun:
10 'deiswâr, ich ensol alsô niht tuon.
sô verlür ich prîses hulde,
erslüege ich âne schulde
disen küenen helt unverzaget.
in hât ir minne ûf mich gejaget,
15 der minne mich ouch twinget
und mir vil kummers bringet:
wan lâze ich in durch si genesen?
ob mîn teil an ir sol wesen,
des enmac er niht erwenden,
20 sol mirz gelücke senden.
wære unser strît von ir gesehen,
ich wæne, si müeste ouch mir des jehen,
daz ich nâch minnen dienen kan.'
dô sprach mîn her Gâwân:
25 'ich wil durch die herzogîn
dich bî dem leben lâzen sîn.'
grôzer müede si niht vergâzen:
er liez in ûf, si sâzen
von ein ander verre.
30 dô kom des schiffes herre
544 von dem wazzer ûf daz lant.
er gienc und truoc ûf sîner hant
ein mûzersprinzelîn al grâ.
ez was sîn reht lêhen dâ,
5 swer tjostierte ûf dem plân,
daz er daz ors solde hân
jenes, der dâ læge,
und disem, der siges phlæge,

des hende solde er nîgen
10 und sînen prîs niht verswîgen.
sus zinste man im blüemîn velt.
daz was sîn beste huoben gelt
oder ob sîn mûzersprinzelîn
einen galandern lêrte pîn:
15 von anders nihtiu gienc sîn phluoc.
daz dûhte in urbor genuoc.
er was geborn von ritters art,
mit guoten zühten wol bewart.
er gienc zuo Gâwâne,
20 den zins von dem plâne
den iesch er zühteclîche.
    Gâwân der ellens rîche
sprach: 'herre, ich enwart nie koufman:
ir meget mich zolles wol erlân.'
25 des schiffes herre wider sprach:
'herre, sô manec vrouwe sach,
daz iu der prîs ist hie geschehen:
ir sult mir mînes rehtes jehen.
herre, tuot mir reht bekant:
30 ze rehter tjost hât iuwer hant
545   mir diz ors erworben
mit prîse al unverdorben,
wande iuwer hant in nider stach,
dem al diu werlt ie prîses jach
5 mit wârheit unz an disen tac,
iuwer prîs, sînhalp der gotes slac
im vreude hât entvüeret.
grôz sælde iuch hât gerüeret.'
Gâwân sprach: 'er stach mich nider:
10 des erholte ich mich sider.
sît man iu tjost verzinsen sol,
er mac iu zins geleisten wol.
herre, dort stêt ein runzît,
daz erwarp an mir sîn strît:
15 daz nemet, ob ir gebietet.
der sich dises orses nietet,
daz bin ich: ez muoz mich hinnen tragen,

soldet halt ir niemêr ors bejagen.
ir nennet reht: welt ir daz nemen,
20 sô endarf iuch nimmer des gezemen,
daz ich ze vuoz hinnen gê.
wan daz tæte mir ze wê,
solde diz ors iuwer sîn:
daz was sô ledeclîche mîn
25 dennoch hiute morgen vruo.
woldet ir gemaches grîfen zuo,
sô ritet ir sanfter einen stap.
diz ors mir ledeclîchen gap
Orilus der Burgunjois:
30 Ûrjans der vürste ûz Punturtois
546 eine wîle hete mirz verstoln.
einer mûlinne voln
möhtet ir noch ê gewinnen.
ich kan iuch anders minnen:
5 sît er iuch dunket alsô wert,
vür daz ors, des ir hie gert,
habet iu den man, derz gein mir reit.
ist im daz liep oder leit,
dâ kêre ich mich wênec an.'
10 dô vreute sich der schifman.
mit lachendem munde er sprach:
'sô rîche gâbe ich nie gesach,
swem si reht wære,
zemphâhene gebære.
15 doch, herre, welt irs sîn mîn wer,
übergolden ist mîn ger:
vür wâr sîn prîs was ie sô hel,
vünf hundert ors starc und snel
ungerne ich vür in næme,
20 wande ez mir niht gezæme.
welt ir mich machen rîche,
sô werbet ritterlîche:
meget irs sô gewaldec sîn,
antwurten in den kocken mîn,
25 sô kunnet ir werdekeit wol tuon.'
dô sprach des künec Lôtes sun:

'beidiu drîn und dar vür
unz innerhalben iuwer tür
antwurte ich in iu gevangen.'
30 'sô werdet ir wol emphangen'
517 sprach der schifman, des grôzer danc
was mit nîgen niht ze kranc.
dô sprach er: 'lieber herre mîn,
dar zuo ruochet selbe sîn
5 mit mir hînte durch gemach.
grœzer êre nie geschach
deheinem verjen, mînem genôz:
man prüevet mirz vür sælde grôz,
behalde ich alsus werden man.'
10   dô sprach mîn her Gâwân:
'des ir gert, des solde ich biten.
mich hât grôz müede überstriten,
daz mir ruowens wære nôt.
diu mir diz ungemach gebôt,
15 diu kan wol süeze siuren
und dem herzen vreude tiuren
und der sorgen machen rîche:
si lônet ungelîche.
ouwê vindenlîchiu vlust,
20 dû senkes mir die einen brust,
diu ê der hœhe gerte.
dô mich got vreuden werte,
dâ lac ein herze unden:
ich wæne, daz ist verswunden.
25 wâ sol ich nû trœsten holn,
muoz ich âne helfe doln
nâch minne alsolhe riuwe?
phliget si wîplîcher triuwe,
si sol mir vreude mêren,
30 diu mich kan sus versêren.'
548   der schifman hôrte, daz er ranc
mit sorge und daz in minne twanc.
dô sprach er: 'herre, ez ist hie reht,
ûf dem plâne und in dem fôreht
5 und aldâ Klinschor herre ist,

zageheit noch manlîch list
gevüegentz anders niht wan sô:
hiute riuwec, morgen vrô.
ez ist iu lîhte unbekant,
10 gar âventiure ist al diz lant:
sus vert ez naht und ouch den tac.
bî manheit sælde helfen mac.
diu sunne kan sô nider stên:
herre, ir sult ze schiffe gên.'
15 des bat in der schifman.
Lischoisen vuorte Gâwân
mit im dannen ûf den wâc:
gedulteclîch âne allen bâc
man den helt des volgen sach.
20 der verje zôch daz ors hin nâch.
    sus vuoren si über an den stat.
der verje Gâwânen bat:
'sît selbe wirt in mînem hûs.'
daz stuont alsô, daz Artûs
25 ze Nantes, dâ er dicke saz,
niht möhte hân gebûwet baz.
dâ vuorte er Lischoisen în,
der wirt und daz gesinde sîn
sich des underwunden.
30 an den selben stunden
549   der wirt ze sîner tohter sprach:
'dû solt schaffen guot gemach
mînem herren, der hie stêt.
ir zwei mit ein ander gêt.
5 nû diene im unverdrozzen:
wir hân sîn vil genozzen.'
sînem sune bevalh er Gringuljeten.
des diu maget was gebeten,
mit grôzer zuht daz wart getân.
10 mit der megede Gâwân
ûf eine kemenâten gienc.
den estrîch al übervienc
niuwer binz und bluomen wol gevar
wâren drûf gesniten dar.

```
15  dâ entwâpende in diu süeze.
    'got iu des danken müeze',
    sprach Gâwân, 'vrouwe, es ist mir nôt:
    wan daz manz iu von hove gebôt,
    sô dient ir mir ze sêre.'
20  si sprach: 'ich diene iu mêre,
    herre, nâch iuwern hulden
    denne von andern schulden.'
    des wirtes sun, ein knappe, truoc
    senfter bette dar genuoc
25  an der want gein der tür.
    ein teppech wart geleget dar vür,
    dâ solde Gâwân sitzen.
    der knappe truoc mit witzen
    eine kultern sô gemâl
30  ûfz bette, von rôtem zindâl.
```

550

```
    dem wirte ein bette ouch wart geleget.
    dâ nâch ein ander knappe treget
    dar vür tischlachen und brôt.
    der wirt den beiden daz gebôt.
 5  dâ gienc diu hûsvrouwe nâch:
    dô diu Gâwânen sach,
    si emphienc in herzenlîche.
    si sprach: 'ir hât uns rîche
    nû alrêst gemachet:
10  herre, unser sælde wachet.'
    der wirt kom, daz wazzer man dar truoc.
    dô sich Gâwân getwuoc,
    eine bete er niht vermeit,
    er bat den wirt gesellekeit:
15  'lât mit mir ezzen dise maget.'
    'herre, ez ist si gar verdaget,
    daz si mit herren æze
    oder in sô nâhe sæze:
    si würde lîhte mir ze hêr.
20  doch habe wir iuwer genozzen mêr.
    tohter, leiste al sîne ger:
    des bin ich mit der volge wer.'
    diu süeze wart von scheme rôt,
```

    doch tet si, daz der wirt gebôt:
25 ze Gâwân saz vrou Bêne.
    starker süne zwêne
    hete der wirt ouch erzogen.
    nû hete daz sprinzelîn ervlogen
    des âbents drî galander:
30 die hiez er mit ein ander
551 Gâwân tragen alle drî
    und eine salsen dâ bî.
    diu juncvrouwe niht vermeit,
    mit guoten zühten si sneit
5 Gâwân süeziu mursel
    ûf einem blanken wastel
    mit ir klâren henden.
    dô sprach si: 'ir sult senden
    dirre gebrâten vogele einen
10 (wan si hât enkeinen),
    herre, mîner muoter dar.'
    er sprach zer megede wol gevar,
    daz er gerne ir willen tæte
    dar an oder swes si bæte.
15 ein galander wart gesant
    der wirtîn: Gâwânes hant
    wart mit zühten vil genigen
    und swirtes danken niht verswigen.
    dô brâhte ein des wirtes sun
20 purzeln unde lâtûn
    gebrochen in den vinæger.
    ze grôzer kraft daz unwæger
    ist die lenge solhiu nar:
    man wirt ir ouch niht wol gevar.
25 solh varwe tuot die wârheit kunt,
    die man sloufet in den munt.
    gestrichen varwe ûf daz vel
    ist selten worden lobes hel.
    swelh wîplîch herze ist stæte ganz,
30 ich wæne, diu treget den besten glanz.
552   kunde Gâwân guoten willen zern,
    des möhte er sich dâ wol nern:

nie muoter gunde ir kinde baz
denne im der wirt, des brôt er az.
5 dô man den tisch hin dan emphienc
und dô diu wirtîn ûz gegienc,
vil bette man dar ûf dô treget.
diu wurden Gâwâne geleget.
einez was ein phlûmît,
10 des zieche ein grüener samît,
des niht von der hôhen art:
ez was ein samît bastart.
ein kulter wart des bettes dach,
niht wan durch Gâwâns gemach,
15 mit einem phellel sunder golt
verre in heidenschaft geholt,
gesteppet ûf palmât.
dar über zôch man linde wât,
zwei lîlachen snêvar.
20 man legete ein wanküssen dar
und der megede mantel einen,
hermîn niuwe reinen.
mit urloube erz undervienc,
der wirt, ê daz er slâfen gienc.
25 Gâwân al eine, ist mir gesaget,
beleip aldâ, mit im diu maget.
hete er iht hin zir gegert,
ich wæne, si hetes in gewert.
er sol ouch slâfen, ob er mac.
30 got hüete sîn, sô kom der tac.

XI.

Grôz müede im zôch diu ougen zuo:
sus slief er unz des morgens vruo.
dô erwachte der wîgant.
einhalp der kemenâten want
5 vil venster hete, dâ vor glas.
der venster einez offen was
gein dem boumgarten:
dar în gienc er durch warten,
durch luft und durch der vogele sanc.
10 sîn sitzen wart dâ niht ze lanc,
er kôs ein burc, die er sâbents sach,
dô im diu âventiure geschach,
vil vrouwen ûf dem palas:
manegiu under in vil schœne was.
15 ez dûhte in ein wunder grôz,
daz die vrouwen niht verdrôz
ir wachens, daz si sliefen niht.
dennoch der tac was niht ze lieht.
er dâhte: 'ich wil in zêren
20 mich an slâfen kêren.'
wider an sîn bette er gienc.
der megede mantel übervienc
in: daz was sîn decke.
ob man in dâ iht wecke?
25 nein, daz wære dem wirte leit.
diu maget durch gesellekeit,
aldâ si vor ir muoter lac,
si brach ir slâf, des si phlac,
und gienc hin ûf zir gaste.
30 der slief dennoch al vaste.

554   diu maget ir dienstes niht vergaz:
vür des bette ûf den teppech saz
diu klâre juncvrouwe.
bî mir ich selten schouwe,
5 daz mir âbents oder vruo
solh âventiure slîche zuo.
    bî einer wîle Gâwân erwachte:
er sach an si und lachte
und sprach: 'got halde iuch, vrouwelîn,
10 daz ir durch den willen mîn
iuwern slâf sus brechet
und an iu selber rechet,
des ich niht hân gedienet gar.'
dô sprach diu maget wol gevar:
15 'iuwers dienstes wil ich enbern.
ich ensol niwan hulde gern:
herre, gebietet über mich.
swaz ir gebiet, daz leiste ich.
al die mit mînem vater sint,
20 beidiu mîn muoter und ir kint
suln iuch ze herren immer hân:
sô liebe habet ir uns getân.'
er sprach: 'sît ir iht lange komen?
hete ich iuwer kunft ê vernomen,
25 daz wære mir liep durch vrâgen,
wolde iuch des niht betrâgen,
daz ir mirz geruochet sagen.
ich hân in disen zwein tagen
vil vrouwen ob mir gesehen:
30 von den sult ir mir verjehen
555   durch iuwer güete, wer die sîn.'
dô erschrac daz juncvrouwelîn
und sprach: 'herre, nû vrâgets niht.
ich bin, dius nimmer iu vergiht,
5 ich enkan iu niht von in gesagen:
ob ichz halt weiz, ich solz verdagen.
lâtz iu von mir niht swære
sîn und vrâget ander mære:
daz râte ich, welt ir volgen mir.'

10 Gâwân sprach aber wider zir,
mit vrâge er gienc dem mære nâch
um al die vrouwen, die er dâ sach
sitzende ûf dem palas.
diu maget wol sô getriuwe was,
15 daz si von herzen weinde
und grôze klage erscheinde.
 dennoch was ez harte vruo:
innen des gienc ir vater zuo.
der liezez âne zürnen gar,
20 ob diu maget wol gevar
ihtes dâ wære betwungen
und ob dâ was gerungen:
dem gebârte si gelîche,
diu maget zühte rîche,
25 wande si dem bette nâhe saz.
daz liez ir vater âne haz.
dô sprach er: 'tohter, weine et niht.
swaz in schimphe alsus geschiht,
ob daz von êrste bringet zorn,
30 derst schiere dâ nâch verkorn.'

556 Gâwân sprach: 'hiest niht geschehen,
wan des wir vor iu wellen jehen.
ich vrâcte dise maget ein teil:
daz dûhte si mîn unheil
5 und bat michs, daz ichz lieze.
ob iuch des niht verdrieze,
sô lât mîn dienst um iuch bejagen,
wirt, daz ir mirz ruochet sagen,
um die vrouwen ob uns hie.
10 ich envriesch in al den landen nie,
dâ man möhte schouwen
sô manege klâre vrouwen
mit sô liehtem gebende.'
 der wirt want sîne hende.
15 dô sprach er: 'herre, vrâgets niht durch got:
herre, dâst nôt ob aller nôt.'
'sô muoz ich doch ir kummer klagen'
sprach Gâwân. 'wirt, ir sult mir sagen,

war um ist iu mîn vrâgen leit?'
20 'herre, durch iuwer manheit.
kunnet ir vrâgen niht verbern,
sô welt ir lîhte vürbaz gern:
daz lêrt iuch herzen swære
und machet uns vreuden lære,
25 mich und elliu mîniu kint,
diu iu ze dienste erborn sint.'
Gâwân sprach: 'ir sult mirz sagen.
welt aber ir michz gar verdagen,
daz iuwer mære mich vergêt,
30 ich vreische iedoch wol, wiez dâ stêt.'
557 der wirt sprach mit triuwen:
'herre, sô muoz mich riuwen,
daz iuch· des vrâgens niht bevilt.
ich wil iu lîhen einen schilt:
5 nû wâpent iuch ûf einen strît.
ze Terre Marveile ir sît,
Lît Marveile ist hie.
herre, ez wart versuochet nie
ûf Schastel Marveile diu nôt.
10 iuwer leben wil in den tôt.
ist iu âventiur bekant,
swaz ie gestreit iuwer hant,
daz was noch gar ein kindes spil:
nû næhent iu riuwebæriu zil.'
15 Gâwân sprach: 'mir wære leit,
ob mîn gemach âne arbeit
von disen vrouwen hinnen rite,
ich enversuochte ê baz ir site.
ich hân ouch ê von in vernomen:
20 sît ich sô nâhe nû bin komen,
mich ensol des niht betrâgen,
ich enwellez durch si wâgen.'
der wirt mit triuwen klagete.
sînem gaste er dô sagete:
25 'aller kummer ist ein niht,
wan dem ze lîdene geschiht
disiu âventiure:

       diust scharph und ungehiure
       vür wâr und âne liegen.
30 herre, ich enkan niht triegen.’
558   Gâwân der prîses erkande
       an die vorhte sich niht wande.
       er sprach: ‘nû gebet mir strîtes rât.
       ob ir gebietet, ritters tât
 5 sol ich hie leisten, ruochets got.
       iuwern rât und iuwer gebot
       wil ich immer gerne hân.
       her wirt, ez wære missetân,
       solde ich sus hinnen scheiden:
10 die lieben und die leiden
       heten mich vür einen zagen.’
        alrêst der wirt begunde klagen,
       wande im sô leide nie geschach.
       hin ze sînem gaste er sprach:
15 ‘ob daz got erzeige,
       daz ir niht sît veige,
       sô werdet ir herre dises landes:
       swaz vrouwen hie stêt phandes,
       die starkez wunder her betwanc,
20 daz noch nie ritters prîs erranc,
       manec sarjant, edeliu ritterschaft,
       ob die hie erlœset iuwer kraft,
       sô sît ir prîses gehêret.
       und hât iuch got wol gêret,
25 ir muget mit vreuden herre sîn
       über manegen liehten schîn,
       vrouwen von manegen landen.
       wer jæhe iu des ze schanden,
       ob ir hinnen schiedet alsus,
30 sît Lischois Gwelljus
559   iu sînen prîs hie lâzen hât?
       der manege ritterlîche tât
       gevrumet hât, der süeze
       (von rehte ich in alsus grüeze),
 5 mit ellen ist sîn ritterschaft:
       sô manege tugent diu gotes kraft

in mannes herze nie gestiez,
âne Îthêren von Gaheviez.
der Îthêren vor Nantes sluoc,
10 mîn schif in gestern über truoc.
er hât mir vünf ors gegeben
(got in mit sælden lâze leben),
diu herzogen und künege riten.
swaz er hât ab in erstriten,
15 daz wirt ze Pelrapeire gesaget:
ir sicherheit hât er bejaget.
sîn schilt treget maneger tjoste mâl.
er reit hie vorschen um den grâl.’
      Gâwân sprach: ‘war ist er komen?
20 saget mir, wirt, hât er vernomen,
dô er sô nâhe was hie bî,
waz disiu âventiure sî?’
‘herre, er enhât es niht ervarn.
ich kunde mich des wol bewarn,
25 daz ichs im zuo gewüege:
unvuoge ich danne trüege.
hetet ir selbe vrâgens niht erdâht,
nimmer wært irs innen brâht
von mir, waz hie mæres ist,
30 mit vorhten scharph ein strenger list.

560   welt ir niht erwinden,
mir und mînen kinden
geschach sô rehte leide nie,
ob ir den lîp verlieset hie.
5 sult aber ir prîs behalden
und dises landes walden,
sô hât mîn armuot ende.
ich getrûwe des iuwer hende,
si hœhe mich mit rîcheit.
10 mit vreuden liep âne leit
mac iuwer prîs hie erwerben,
sult ir niht ersterben.
nû wâpent iuch gein kummer grôz.’
dennoch was Gâwân al blôz.
15 er sprach: ‘traget mir mîn harnas her.’

der bete was der wirt sîn wer.
von vuoz ûf wâpende in dô gar
diu süeze maget wol gevar.
der wirt nâch dem orse gienc.
20 ein schilt an sîner wende hienc,
der dicke und alsô herte was,
dâ von doch Gâwân sît genas.
schilt und ors im wâren brâht.
   der wirt was alsô bedâht,
25 daz er wider vür in stuont.
dô sprach er: 'herre, ich tuon iu kunt,
wie ir sult gebâren
gein iuwers verhes vâren.
mînen schilt sult ir tragen.
30 der enist durchstochen noch zeslagen,

561 wande ich strîte selten:
wes möhte er danne engelten?
herre, swenne ir ûf hin kumt,
ein dinc iu zem orse vrumt.
5 ein krâmære sitzet vor dem tor:
dem lât daz ors hie vor.
koufet um in, enruochet waz:
er behelt iuz ors deste baz,
ob irz im versetzet.
10 werdet ir niht geletzet,
ir muget daz ors gerne hân.'
dô sprach mîn her Gâwân:
'sol ich niht zorse rîten în?'
'nein, herre. al der vrouwen schîn
15 ist vor iu verborgen:
sô næhet ez den sorgen.
den palas vindet ir eine:
weder grôz noch kleine
vindet ir niht, daz dâ lebe.
20 sô waldes diu gotes gebe,
sô ir in die kemenâten gêt,
dâ Lît Marveile stêt.
daz bette und die stollen sîn,
von Marroch der mahmumelîn,

25 des krône und al sîn rîcheit,
wære daz dar gein geleit,
dâ mit ez wære vergolden niht.
dar an ze lîden iu geschiht,
swaz got an iu wil meinen:
30 nâch vreude erz müeze erscheinen.
562 gedenket, herre, ob ir sît wert,
disen schilt und iuwer swert
lâzet ninder von iu komen.
sô ir wænt, daz ende habe genomen
5 iuwer kummer grœzlîch,
alrêst strîte ist er gelîch.'
dô Gâwân ûf sîn ors gesaz,
diu maget wart an vreuden laz.
alle, die dâ wâren, klageten.
10 wênec si des verdageten.
er sprach zem wirte: 'gan mirs got,
iuwer getriulîch urbot,
daz ir mîn sus phlâget,
geltes mich niht betrâget.'
15 urloup er zer megede nam.
die grôzes jâmers wol gezam
(er reit hin), si klageten hie.
    ob ir nû gerne hœret, wie
Gâwâne dâ geschæhe,
20 deste gerner ichs iu verjæhe:
ich sage, als ichz hân vernomen.
dô er was vür die porten komen,
er vant den krâmære
und des krâm niht lære.
25 dâ lac inne veile,
daz ichs wære der geile,
hete ich alsô rîche habe.
Gâwân vor im erbeizete abe.
sô rîchen market er nie gesach,
30 als im ze sehene aldâ geschach.
563 der krâm was ein samît,
vierecke, hôch und wît.
waz dar inne veiles læge?

      derz mit gelte widerwæge,
5 der bâruc von Baldac
      vergülte niht, daz drinne lac,
      alsô tæte der katolicô
      von Rankulat: dô Kriechen sô
      stuont, daz man hort dar inne vant,
10 dâ vergültez niht des keisers hant
      mit jener zweier stiure.
      daz krâmgewant was tiure.
      Gâwân sîn grüezen sprach
      ze dem krâmære. dô er gesach,
15 waz wunders dâ was veile,
      nâch sîner mâze teile
      bat im zeigen Gâwân
      gürteln oder vürspan.
        der krâmære sprach: 'ich hân vür wâr
20 hie gesezzen manec jâr,
      daz nie man getorste schouwen
      (niht wan werde vrouwen),
      waz in mînem krâme liget.
      ob iuwer herze manheit phliget,
25 sô sît irs alles herre,
      (ez ist gevüeret verre),
      habet ir den prîs an iuch genomen.
      sît ir durch âventiure komen
      her, sol iu gelingen,
30 lîhte ir meget gedingen
564   um mich: swaz ich veiles hân,
      daz ist iu gar dan undertân.
      vart vürbaz, lâts walden got.
      hât iuch Plipalinot
5 der verje her gewîset?
      manec vrouwe prîset
      iuwer komen in ditze lant,
      ob si hie erlœset iuwer hant.
      welt ir nâch âventiuren gên,
10 sô lât daz ors al stille stên:
      des hüete ich, welt irz an mich lân.'
      dô sprach mîn her Gâwân:

'wærez in iuwern mâzen,
ich woldez iu gerne lâzen.
15 nû entsitze ich iuwer rîcheit:
sô rîchen marschalc ez erleit
nie, sît ich dar ûf gesaz.'
der krâmære sprach âne allen haz:
'herre, ich selbe und al mîn habe
20 (waz möhte ich mêr nû sprechen drabe?)
ist iuwer: sult ir hie genesen,
wes möhte ich billîcher wesen?'
    Gâwân sîn ellen lêrte,
ze vuoz er vürbaz kêrte
25 manlîche und unverzaget.
als ich iu ê hân gesaget,
er vant der bürge wîte,
daz ieslîch ir sîte
stuont mit bûwenlîcher wer.
30 vür allen sturm niht ein ber

565 gæbe si ze drîzec jâren,
ob man ir wolde vâren.
mitten drûf ein anger:
daz Lechvelt ist langer.
5 vil türne ob den zinnen stuont.
uns tuot diu âventiure kunt,
dô Gâwân den palas sach,
dem was alumme sîn dach
rehte als phâwîn gevider gar,
10 lieht gemâl und sô gevar,
weder regen noch der snê
entet des daches blicke wê.
innen er was gezieret
und wol gefeitieret,
15 der venster siule wol ergraben,
dar ûf gewelbe hôhe erhaben.
dar inne bette ein wunder
lac her und dar besunder,
kultern maneger slahte
20 lâgen drûf von rîcher ahte.
dâ wâren die vrouwen gesezzen.

die enheten niht vergezzen,
si enwæren dan gegaugen.
von in wart niht emphangen
25 ir vreuden kunft, ir sælden tac,
der gar an Gâwâne lac.
müesten si in doch hân gesehen,
waz möhte in liebers sîn geschehen?
ir neheiniu daz tuon solde.
30 swie er in dienen wolde,
566 dâ wâren si doch unschuldec an.
dô gienc mîn her Gâwân
beidiu her unde dar.
er nam des palases war:
5 er sach an einer wende,
ich enweiz ze weder hende,
eine tür wît offen stên,
dâ innerhalp im solde ergên
hôhes prîses erwerben
10 oder nâch dem prîse ersterben.
    er gienc zer kemenâten în
(der was ir estrîches schîn
lûter, hæle als ein glas),
dâ Lît Marveile was,
15 daz bette von dem wunder.
vier schîben liefen drunder
von rubînen lieht sinewel,
daz der wint wart nie sô snel:
dâ wâren die stollen ûf gekloben.
20 den estrîch muoz ich iu loben:
von jaspis, von krisolde,
von sardîn, als er wolde,
Klinschor, der des erdâhte,
ûz manegem lande brâhte
25 sîn listeclîchiu wîsheit
werc, daz hier an was geleit.
der estrîch was gar sô sleif,
daz Gâwân kûme aldâ begreif
mit den vuozen stiure.
30 er gienc nâch âventiure.

567 immer, alsô dicke er trat,
daz bette vuor von sîner stat,
daz ê was gestanden.
Gâwâne wart enblanden,
5 daz er den swæren schilt getruoc,
den im sîn wirt bevalh genuoc.
er dâhte: 'wie kum ich ze dir?
wiltû wenken sus vor mir,
ich sol dich innen bringen,
10 ob ich dich mege erspringen.'
dô gestuont im daz bette vor:
er huop sich zem sprunge enbor
und spranc rehte mitten dran.
die snelheit vreischet nimmer man,
15 wie daz bette her und dar sich stiez.
der vier wende deheine ez liez,
mit hurte an ieslîche ez swanc,
daz al diu burc dâ von erklanc.
sus reit er manegen poinder grôz.
20 swaz der doner ie gedôz
und al die pusûnære,
ob der êrste wære
bî dem jungesten dinne
und bliesen nâch gewinne,
25 ez endorfte niht mêr dâ krachen.
Gâwân muoste wachen,
swie er an dem bette læge.
wes der helt dô phlæge?
des galmes hete in sô bevilt,
30 daz er zucte über sich den schilt:
568 er lac und liez es walden
den, der helfe hât behalden
und den der helfe nie verdrôz,
swer in sînem kummer grôz
5 helfe an in versuochen kan.
der wîse herzehafte man,
swâ dem kummer wirt bekant,
der rüefet an die hœsten hant,
wan diu treget helfe rîche

10 und hilfet im helfeclîche.
daz selbe ouch Gâwân dâ geschach.
dem er ie sîns prîses jach,
sînen krefteclîchen güeten,
den bat er sich behüeten.
15   nû gewan daz krachen ende,
sô daz die vier wende
gelîche wâren gemezzen dar,
aldâ daz bette wol gevar
an dem estrîche enmitten stuont.
20 dâ wart im græzer angest kunt:
vünf hundert stapslingen
mit listeclîchen dingen
ze dem swanke wâren bereite.
der swanc gap in geleite
25 ûf daz bette, aldâ er lac.
der schilt alsolher herte phlac,
daz ers emphant vil kleine.
ez wâren wazzersteine
sinewel unde hart:
30 etswâ der schilt doch dürkel wart.

569   die steine wâren ouch verbolt.
er hete selten ê gedolt
sô swinde würfe ûf in gevlogen.
nû was zem schuzze ûf gezogen
5 vünf hundert armbrust oder mêr.
die heten algelîchen kêr
rehte ûf daz bette, aldâ er lac.
swer ie solher nœte phlac,
der mac erkennen phîle.
10 daz werte kurze wîle,
unz daz si wâren versnurret gar.
swer wil gemaches nemen war,
der enkum an solh bette niht.
gemaches im dâ niemen giht:
15 es möhte jugent werden grâ,
des gemaches, alsô dâ
Gâwân an dem bette vant.
dannoch sîn herze und ouch sîn hant

der zageheit lâgen eine.
20 die phîle und ouch die steine
heten in niht gar vermiten:
zequaschieret und ouch versniten
was er durch die ringe.
   dô hete er gedinge,
25 sîns kummers wære ein ende:
dannoch mit sîner hende
muoste er prîs erstrîten.
an den selben zîten
tet sich gein im ûf ein tür:
30 ein starker gebûr gienc dar vür,
570   der was vreissam getân.
von visches hiute truoc er an
ein surkôt und ein bônît
und des selben zwuo hosen wît.
5 einen kolben er in der hende truoc,
des kiule grœzer denne ein kruoc
was. er gienc gein Gâwân her:
daz enwas doch ninder sîn ger,
wande in sîns komens dâ verdrôz.
10 Gâwân dâhte: 'dirre ist blôz,
sîn wer ist gein mir harte laz.'
er rihte sich ûf unde saz,
als ob in swære ninder lit.
jener trat hinder einen trit,
15 als ob er wolde entwîchen,
und sprach doch zornlîchen:
'ir endurfet mich entsitzen niht:
ich vüege aber wol, daz iu geschiht,
dâ von ir den lîp ze phande gebet.
20 von stiuvels kreften ir noch lebet:
sol iuch der hie hân ernert,
ir sît doch sterbens unerwert.
des bringe ich iuch wol innen,
als ich nû scheide hinnen.'
25 der vilân trat wider în.
Gâwân mit dem swerte sîn
von dem schilte sluoc die zeine.

die phîle algemeine
wâren hin durch gedrungen,
30 daz si in den ringen klungen.
571   dô hôrte er ein gebrumme,
als der wol zweinzec trummen
slüege hie ze tanze.
sîn vester muot der ganze,
5 den diu wâre zageheit
nie verscherte noch versneit,
dâhte: 'waz sol mir geschehen?
ich möhte nû wol kummers jehen:
wil sich mîn kummer mêren?
10 ze wer sol ich mich kêren.'
nû sach er gein sgebûres tür:
ein starker lewe spranc dar vür,
der was als ein ors sô hôch.
Gâwân, der ie ungerne vlôch,
15 den schilt mit den riemen nam.
er tet, als ez der wer gezam:
er spranc ûf den estrîch.
durch hunger was vreislîch
dirre starke lewe grôz,
20 des er doch wênec dâ genôz.
mit zorne lief er an den man:
ze wer stuont her Gâwân.
er hete im den schilt nâch genomen:
sîn êrster grif was alsô komen,
25 durch den schilt mit al den klân.
von tiere ist selten ê getân
sîn grif durch solhe herte.
Gâwân sich zuckes werte:
ein bein hin abe er im swanc.
30 der lewe ûf drîen vüezen spranc:
572 in dem schilte beleip der vierde vuoz.
mit bluote gap er solhen guz,
daz Gâwân mohte vaste stên:
her und dar begundez gên.
5 der lewe spranc dicke an den gast:
durch die nasen manegen phnast

tet er mit bleckenden zenen.
wolde man in solher spîse wenen,
daz er guote liute gæze,
10 ungerne ich bî im sæze.
ez was ouch Gâwâne leit.
    der ûf den lîp dâ mit im streit,
er hete in sô geletzet,
mit bluote wart benetzet
15 al diu kemenâte gar.
mit zorne spranc der lewe dar
und wolde in zucken under sich.
Gâwân tet im einen stich
durch die brust unz an die hant,
20 dâ von des lewen zorn verswant,
wande er strûchte nider tôt.
Gâwân hete die grôze nôt
mit strîte überwunden.
in den selben stunden
25 dâhte er: 'waz ist mir nû guot?
ich sitze ungerne in ditze bluot.
ouch sol ich mich des wol bewarn,
diz bette kan sô umme varn,
daz ich dran sitze oder lige,
30 ob ich rehter wîsheit phlige.'

573 nû was im sîn houbet
mit würfen sô betoubet
und dô sîne wunden
sô bluoten begunden,
5 daz in sîn snellîchiu kraft
gar liez mit ir geselleschaft,
durch swindeln er strûchens phlac.
daz houbet im ûf dem lewen lac,
der schilt viel nider under in.
10 gewan er ie kraft oder sin,
diu wâren im beidiu entvüeret.
unsanfte er was gerüeret:
aller sin tet im entwîch.
sîn wanküssen ungelîch
15 was dem, daz Gimêle,

von Monte Ribêle
diu süeze und diu wîse,
legete Kahenîse,
dar ûfe er sînen prîs verslief.
20 der prîs gein disem manne lief,
wande ir habet daz wol vernomen,
wâ mit er was von witzen komen,
daz er lac unversunnen,
wie des wart begunnen.
25   verholne ez wart beschouwet,
daz mit bluote was betouwet
der kemenâten estrîch.
si beide dem tôde wâren gelîch,
der lewe unde Gâwân.
30 ein juncvrouwe wol getân
574   mit vorhten luogete oben în:
des wart vil bleich ir liehter schîn.
diu junge sô verzagete,
daz ez diu alde klagete,
5 Arnîve diu wîse.
dar um ich si noch prîse,
daz si den ritter nerte
und im dô sterben werte.
si gienc ouch dar durch schouwen.
10 dô wart von der vrouwen
zem venster oben în gesehen,
daz si neweders mohte jehen,
ir künfteclîcher vreuden tage
oder immer herzenlîcher klage.
15 si vorhte, der ritter wære tôt:
des lêrten si gedanke nôt,
wande er sus ûf dem lewen lac
und anders deheines bettes phlac.
si sprach: 'mir ist von herzen leit,
20 ob dîn getriuwiu manheit
dîn werdez leben hât verlorn.
hâstû den tôt alhie erkorn
durch uns vil ellende diet?
sît dir dîn triuwe daz geriet,

25 mich erbarmet iemêr dîn tugent,
dû habes alter oder jugent.'
hin zal den vrouwen si dô sprach,
wande si den helt sus ligen sach:
'ir vrouwen, die des toufes phlegen,
30 rüeft alle an got um sînen segen.'
575 si sande zwuo juncvrouwen dar
und bat si nemen rehte war,
daz si sanfte slichen,
ê daz si dan entwichen,
5 daz si ir bræhten mære,
ob er bî lebene wære
oder ob er wære verscheiden.
daz gebôt si den beiden.
die süezen megede reine,
10 ob ir dewederiu weine?
jâ si beide sêre
durch rehtes jâmers lêre.
dô si in sus ligen vunden,
daz von sînen wunden
15 der schilt mit bluote swebete,
si besâhen, ob er lebete:
einiu mit ir klâren hant
den helm von sînem houbete bant
und ouch die vinteilen sîn.
20 dâ lac ein vil kleinez schiumelîn
vor sînem rôten munde.
ze warten si begunde,
ob er den âtem inder züge
oder ob er si des lebens trüge.
25 daz lac dannoch in strîte.
ûf sînem kursîte
von zobele wâren zwei gampilûn,
als Ilinôt der Bertûn
mit grôzem prîse wâpen truoc:
30 der brâhte werdekeit genuoc
576 in der jugende an sîn ende.
diu maget mit ir hende
des zobels roufte und habete in dar

vür sîne nasen: dô nam si war,
5 ob der âtemz hâr sô regete,
daz er sich inder wegete.
der âtem wart dâ vunden.
an den selben stunden
hiez si balde springen,
10 ein lûter wazzer bringen:
ir gespil wol gevar
brâhte ir daz snellîche dar.
diu maget schoup ir vingerlîn
zwischen die zene sîn:
15 mit grôzen vuogen daz geschach.
dô gôz si daz wazzer nâch
sanfte und aber mêre.
si engôz iedoch niht sêre,
unz daz er diu ougen ûf swanc.
20   er bôt in dienst und sagete in danc,
den zwein süezen kinden:
'daz ir mich soldet vinden
sus ungezogenlîche ligen!
ob daz wirt von iu verswigen,
25 daz prüeve ich iu vür güete.
iuwer zuht iuch dran behüete.'
si jâhen: 'ir lâget unde liget,
als der des hœsten prîses phliget.
ir habet den prîs alhie bezalt,
30 des ir mit vreuden werdet alt:
577   der sic ist iuwer hiute.
nû trœstet uns armen liute,
ob iuwern wunden sî alsô,
daz wir mit iu wesen vrô.'
5 er sprach: 'sæht ir mich gerne leben,
sô sult ir mir helfe geben.'
des bat er die vrouwen:
'lât mîne wunden schouwen
etswen, der dâ künne mite.
10 sol ich begên noch strîtes site,
sô bindet mînen helm ûf und gêt ir hin:
den lîp ich gerne wernde bin.'

si jâhen: 'ir sît nû strîtes vrî.
herre, lât uns iu wesen bî:
15 wan einiu sol gewinnen
an vier küneginnen
daz botenbrôt, ir lebet noch.
man sol iu bereiten och
gemach und erzenîe klâr
20 und wol mit triuwen nemen war
mit salben sô gehiure,
diu vür die quaschiure
und vür die wunden ein genist
mit senfte helfeclîchen ist.'
25   der megede einiu dannen spranc
sô balde, daz si ninder hanc.
diu brâhte ze hove mære,
daz er bî lebene wære
und alsô lebelîche,
30 'daz er uns vreuden rîche
578   mit vreuden machet, ruochets got.
im ist aber guoter helfe nôt.'
si sprâchen alle: 'diê merzîs.'
diu alde küneginne wîs
5 ein bette hiez bereiten,
dâ vür einen teppech breiten
bî einem guoten viure.
salben harte tiure,
wol geworht mit sinne,
10 die gewan diu küneginne
zer quaschiure und ze wunden.
dô gebôt si an den stunden
vier juncvrouwen, daz si giengen
und sîn harnas emphiengen,
15 daz siz sanfte von im næmen
und daz si kunden ræmen,
daz er sich des niht dorfte schemen.
'einen phelle sult ir um iuch nemen
und entwâpent in in dem schate.
20 ob danne gêns sî sîn state,
daz dolt oder traget in hin,

aldâ ich bî dem bette bin:
ich warte, aldâ der helt sol ligen.
ob sîn kamph ist sô gedigen,
25 daz er niht ist ze verhe wunt,
ich mache in schiere wol gesunt.
swelh sîn wunde stüende ze verhe,
daz wære diu vreuden twerhe:
dâ mite wæren ouch wir erslagen
30 und müesten lebendec sterben tragen.’
579　　nû, diz wart alsô getân.
entwâpent wart her Gâwân
und dannen geleitet
und helfe bereitet
5 von den, die helfen kunden.
dâ wâren sîner wunden
vünfzec oder mêre.
die phîle iedoch niht sêre
durch die ringe wâren gedrucket:
10 der schilt was vür gerucket.
dô nam diu alde künegîn
diktam und warmen wîn
und einen blâwen zindâl:
dô erstreich si diu bluotes mâl
15 ûz den wunden, swâ deheiniu was,
und bant in sô, daz er genas.
swâ der helm was în gebogen,
dâ engein daz houbet was erzogen,
daz man die würfe erkande:
20 die quaschiuren si verswande
mit der salben krefte
und von ir meisterschefte.
si sprach: ‘ich senfte iu schiere.
Kundrîe la surziere
25 ruochet mich sô dicke sehen:
swaz von erzenîe mac geschehen,
des tuot si mich gewaldec wol.
sît Amfortas in jâmers dol
kom, daz man im helfe warp,
30 diu salbe im half, daz er niht starp:

580 sist von Munsalvæsche komen.'
     dô Gâwân hête vernomen
Munsalvæsche nennen,
dô begunde er vreude erkennen:
  5 er wânde, er wære dâ nâhe bî.
dô sprach, der ie was valsches vrî,
Gâwân zer küneginne:
'vrouwe, mîne sinne,
die mir wâren entrunnen,
 10 die habet ir gewunnen
wider in mîn herze:
ouch senftet sich mîn smerze.
swaz ich krefte oder sinne hân,
die hât iuwer dienestman
 15 gar von iuwern schulden.'
si sprach: 'herre, iuwern hulden
sul wir uns alle nâhen
und des mit triuwen gâhen.
nû volct mir und enredet niht vil.
 20 eine wurz ich iu geben wil,
dâ von ir slâfet: daz ist iu guot.
ezzens, trinkens keinen muot
sult ir haben vor der naht.
sô kumt iu wider iuwer maht,
 25 sô trite ich iu mit spîse zuo,
daz ir wol bîtet unz vruo.'
eine wurz si legete in sînen munt:
dô slief er an der selben stunt.
wol si sîn mit decke phlac.
 30   alsus überslief den tac
581 der êren rîche und lasters arm,
lac al sanfte und im was warm.
etswenne in doch in slâfe vrôs,
daz er heschete unde nôs,
  5 allez von der salben kraft.
von vrouwen grôz geselleschaft
giengen ûz, die andern în.
die truogen liehten werden schîn.
Arnîve diu alde

10 gebôt mit ir gewalde,
daz ir enkeiniu riefe,
die wîle der helt dâ sliefe.
si bat ouch den palas
besliezen: swaz dâ ritter was,
15 sarjande, burgære,
der neheiner disiu mære
vriesch vor dem andern tage.
dô kom den vrouwen niuwiu klage.
sus slief der helt unz an die naht.
20 diu künegîn was sô bedâht,
die wurz si im ûz dem munde nam.
er erwachte, trinkens in gezam:
dô hiez dar tragen diu wîse
trinken und guote spîse.
25 er rihte sich ûf unde saz,
mit guoten vreuden er az.
    vil manec vrouwe vor im stuont.
im wart nie werder dienest kunt:
ir dienst mit zühten wart getân.
30 dô pruovte mîn her Gâwân
582 dise, die und aber jene:
er was et in der alden sene
nâch Orgelûsen der klâren,
wande im in sînen jâren
5 kein wîp sô nâhe nie gegienc
etswâ, dâ er minne emphienc
oder dâ im minne was versaget.
dô sprach der helt unverzaget
ze sîner meisterinne,
10 der alden küneginne:
'vrouwe, ez krenkt mir mîne zuht,
ir meget mirs jehen vür ungenuht,
suln dise vrouwen vor mir stên:
gebietet in, daz si sitzen gên,
15 oder heizt si mit mir ezzen.'
'alhie wirt niht gesezzen
von ir enkeiner unz an mich.
herre, si möhten schamen sich,

solden si iu niht dienen vil,
20 wande ir sît unser vreuden zil.
doch, herre, swaz ir gebietet in,
daz suln si leisten, habe wir sin.'
die edeln mit der hôhen art
wâren ir zühte des bewart,
25 wande siz mit willen tâten,
ir süezen munde in bâten
dâ stêns, unz er gæze,
daz ir enkeiniu sæze.
dô daz geschach, si giengen wider.
30 Gâwân sich legete slâfen nider.

Druckfehler.

Lies 344, 17 gevrumt
    370, 19 getrûte
    376, 14 zorse
    378, 2 Bêârosche   25 gote
    380, 13 prîs   16 *komma*
    418, 8 trûte
    432, 20 wont
    473, 23 *punkt*
    474, 15 manne
    482, 5 nâme
    493, 21 dienden
    514, 7 *kein punkt*   9 *punkt*
    536, 11 vlüge
    567, 3 dâz.

Druck von Ehrhardt Karras, Halle a. S.